本书获得国家自然科学基金（71602136）、山西
（2016041003-3）及山西省哲学社会科学规划课题

U0577569

居民社保选择、政府社保支出与
改革的经济效应评价
—— 基于家庭和地区数据的实证分析

ECONOMIC IMPACT OF RESIDENTS' SOCIAL SECURITY CHOICES,
GOVERNMENT SOCIAL SECURITY SPENDING AND REFORM
— EMPIRICAL ANALYSIS BASED ON HOUSEHOLD AND REGIONAL DATA

张荣霞 ◎ 著

经济管理出版社
ECONOMY & MANAGEMENT PUBLISHING HOUSE

图书在版编目（CIP）数据

居民社保选择、政府社保支出与改革的经济效应评价/张荣霞著 . —北京：经济管理出版社，2019.6

ISBN 978 - 7 - 5096 - 6704 - 0

Ⅰ.①居…　Ⅱ.①张…　Ⅲ.①社会保障—研究—中国　Ⅳ.①D632.1

中国版本图书馆 CIP 数据核字（2019）第 125986 号

组稿编辑：杜　菲
责任编辑：杜　菲
责任印制：黄章平
责任校对：张晓燕

出版发行：经济管理出版社
　　　　　（北京市海淀区北蜂窝 8 号中雅大厦 A 座 11 层　100038）
网　　址：www. E - mp. com. cn
电　　话：（010）51915602
印　　刷：北京晨旭印刷厂
经　　销：新华书店
开　　本：720mm×1000mm/16
印　　张：13.75
字　　数：234 千字
版　　次：2020 年 12 月第 1 版　　2020 年 12 月第 1 次印刷
书　　号：ISBN 978 - 7 - 5096 - 6704 - 0
定　　价：78.00 元

前　言

目前，我国面临着"外需疲软、内需不足、投资效率低下"而导致的经济增长乏力的问题，其中外需取决于国外市场，投资效率的增长需要时间较长，因此扩大内需是目前我国经济增长的主要动力。党的十六大报告指出"扩大内需是我国经济发展长期的、基本的立足点"，国家"十二五"规划纲要明确提出要把"扩大消费需求作为扩大内需的战略重点"，党的十八大报告更是第一次把扩大内需提升到"战略基点"的高度。在此背景下，国家出台了一系列刺激居民消费的政策措施，但政策总体效果有限。主要原因是居民未来收入的不确定性在提高，需要增加储蓄以备未来不时之需，只要居民储蓄的预防性动机存在，政府刺激消费的政策就很难成功，因为政策很难改变消费者的基本行为方式。因此，刺激居民消费的关键是降低预防性储蓄，而降低预防性储蓄的有效途径是尽快建立完善的社会保障体系。从理论上讲，合理适度的社会保障体系在保障人们基本生活的同时，增加了人们对未来收入的预期，从而在微观层面上对居民家庭的储蓄和消费决策进而对整个宏观经济产生一定的影响。这种影响的方向、显著性和影响力度的大小是目前经济学家比较关心的话题，同时也是政策制定者的兴趣所在。

由于社会保障的经济效应涵盖内容较多，本书无法做到面面俱到，仅从以下四个方面对该问题展开阐述：首先，采用 PSM 方法基于 2009 年国家统计局中国城镇居民家庭收入和支出调查（CUHIES）数据以及 2007 年中国家庭收入调查（CHIPS）数据分析社会保障关于人均家庭总支出和人均家庭消费性支出的平均处理效应；其次，采用处理效应模型基于 2007

年 CHIPS 数据研究"免费医疗或统筹""商业医疗保险""新农合"等 3 种医疗保险关于个人总医疗支出和个人实际医疗支出的平均处理效应;再次,运用基于"反事实"框架的 HCW 方法和中国 33 个地级市面板数据,以浙江省嘉兴市为例,定量分析社会保障对第一产业经济增长的平均处理效应;最后,采用一阶系统 GMM 方法基于 2000～2017 年 31 个省(市、自治区)的面板数据分析全国、东部、中部和西部人均财政社保支出对人均最终消费的影响。

与以上四个问题相对应,本书的主要结论包括:首先,社会保障对居民人均家庭总支出和人均家庭消费性支出具有正向平均处理效应,且该效应随着社会保障制度的完善而逐渐加大;其次,"免费医疗或统筹"具有显著的正向个人总医疗支出效应和不显著的负向个人自付医疗支出效应,"商业医疗保险"具有不显著的正向个人总医疗支出效应和不显著的正向个人自付医疗支出效应,"新农合"具有不显著的正向个人总医疗支出效应和显著的负向个人自付医疗支出效应;再次,新农合对嘉兴市第一产业经济增长起到了正向促进作用,2003 年和 2004 年的处理效应分别为 0.09 个百分点和 0.24 个百分点,效应逐年增大,两年平均处理效应为 0.17 个百分点;最后,我国财政性社保支出的消费效应具有区域性差异,东部、中部和西部的消费效应逐渐递减。

因此,本书利用宏观数据和微观数据,采用不同方法,从个人、家庭和地区三个不同的层面分析居民社保选择、社保制度改革和政府社保支出的经济效应,以期为分析社会保障处理效应问题提供理论基础,并为社会保障政策调整提供参考。

目　录

第一章

导 论

一、选题背景与选题意义

（一）选题背景

近年来，扩大内需是我国经济政策的主要内容。例如，党的十六大报告指出"扩大内需是我国经济发展长期的、基本的立足点"；党的十七大报告指出"坚持扩大国内需求特别是消费需求的方针，促进经济增长由主要依靠投资、出口拉动向依靠消费、投资、出口协调拉动转变"；而党的十八大报告第一次把扩大内需提到"战略基点"的高度，并指出"使经济发展更多依靠内需特别是消费需求拉动，要牢牢把握扩大内需这一战略基点，加快建立扩大消费需求长效机制，释放居民消费潜力，保持投资合理增长，扩大国内市场规模"。党的十九大报告指出要"完善促进消费的体制机制，增强消费对经济发展的基础性作用"。这不仅要求从体制与机制的高度解决居民消费不足的问题，更是首次强调了消费的基础性作用。由此可见，当前中国对消费的重视程度达到了前所未有的高度。

在此背景下，政府部门出台了一系列刺激消费的政策，包括直接鼓励消费者支出的政策（如家电下乡、以旧换新和假日消费等）和稳定消费预期的政策（如加快完善社会保障体系和加大对教育的资助力度等）。实践证明，这些措施确实起到了一定的积极作用。2011 年和 2012 年我国最终消费支出占 GDP 比重分别为 49.6% 和 50.1%，终止了 2000 年以来的下跌趋势，2013～2018 年该比重分别为 50.3%、50.7%、51.8%、53.6%、53.6% 和 54.3%。因此，我国最终消费支出占 GDP 比重已连续 8 年上升。但是这些指标较发达国家甚至其他发展中国家而言，仍有一定差距。据世界银行统计数据，2018 年，美国、德国、法国、英国和日本最终消费支出占 GDP 比重分别为 82.13%、72.04%、77.17%、83.95% 和 75.44%；发展中国家如巴西、印度、菲律宾和埃及 2018 年最终消费支出占 GDP 比重分别为 84.79%、70.41%、84.59% 和 93.80%。因此，我国依靠消费拉动经济增长的空间和潜力巨大。在 2013 年 8 月 11 日中国（海南）改革发展研究院在北京主办以"增长·转型·改革"为主题的改革形势分析会上，中国（海南）改革发展研究院院长迟福林认为，只要消费需求能够有效释放出来，就有可能支撑未来 10 年 7%～8% 的中速经济增长。2013～2018 年，最终消费支出对国内生产总值增长的贡献率分别为 47.0%、48.8%、59.7%、66.5%、57.6% 和 76.2%，最终消费支出拉动国内生产总值分别增长 3.6、3.6、4.1、4.5、3.9 和 5.0 个百分点。因此，除 2017 年以外，无论是最终消费支出对国内生产总值的贡献率还是拉动作用均处于不断上升阶段。消费作为中国经济增长稳定器的作用在将来相当长时间内会越来越重要。

虽然消费对经济增长的拉动作用在不断增强，但是我们也必须认识到我国消费拉动经济增长的动力不足。美国普林斯顿大学经济学荣誉教授邹至庄在 2013 年 1 月 10 日为《金融时报》中文网撰稿时指出：中国消费率下滑的主要原因是居民未来收入的不确定性在提高。这与许多学者的观点一致，他们认为当居民面对教育和医疗等支出的不确定性和流动性约束，且在社会保障体系不健全的情况下，大部分家庭将会进行预防性储蓄以备未来不时之需。因此，刺激居民消费的关键是降低预防性储蓄，而降低预防性储蓄的有效途径是尽快建立完善的社会保障体系。因为从理论上讲，社会保障体系的健全在保障人们基本生活的同时，可以增加人们对未来收入的预期，从而在微观层面上对居民家庭的储蓄和消费进而对整个宏观经济产生一定的影响。这种影响的方向、显著性和力度的大小是目前经济学家比较关心的话题，同时也是政策制定者的兴趣所在。学界关于"社会保障政策有效性"的问题无论是在理论上还是在实证研究上一直存在着争议，例如，绝对收入假说、生命周期假说、永久收入消费理论和预防性储蓄理论均认为，社会保障对居民消费具有正向效应，但是行为生命周期理论却认为具有负向效应。尽管学界的争论一直没有停止，但实际情况是一直以来世界各国政府都把社会保障视为一项重要的经济工具，我国也不例外。2001 年，劳动和社会保障部《劳动和社会保障事业发展第十个五年计划纲要》在"社会保险资金筹集和管理"部分指出，调整财政预算支出结构，增加中央财政和地方各级财政对社会保障的支出，逐步将社会保障支出占财政支出的比重提高到 15% ~ 20%。2006 年，《劳动和社会保障事业发展"十一五"规划纲要》明确指出，逐步提高社会保障支出占国内生产总值的比例，加大中央和地方财政对社会保障工作的资金支持力度。2011年，《人力资源和社会保障事业发展"十二五"规划纲要》再一次明确指出，加大财政对就业专项资金的投入力度，逐步提高社会保障支出占财政支出的比重。2016 年，《人力资源和社会保障事业发展"十三五"规划纲要》在"强化财政保障"部分指出，各级人力资源社会保障部门要积极争取有关部门加大对人力资源和社会保障事业的支持力度，加大就业创业和社会保障专项资金投入。而实际情况是 2000 ~ 2006 年，我国社会保障支出占财政支出的比重一直在 10% 左右，2007 年由于财政收支科目实施较大改革，特别是财政支出项目口径变化很大，与之前数据不可比，但是2007 ~ 2014 年社会保障和就业支出占国家财政支出的比重也在 10% 左右，2015 ~ 2018 年，该比重均高于 10% 且一直保持增长趋势，最大值为 2018

年的 12.38% 。因此，社会保障支出占财政支出的比重一直没有达到 15% ~20% 的目标。虽然如此，我国社会保障支出的绝对值却一直在增大，从 2000 年的 1517.57 亿元增加到 2018 年的 27012.09 亿元。① 与此同时，学者关于我国社会保障支出的经济效应研究并没有达成一致意见，在这种情况下，我国政府一再强调要继续加大财政对社会保障的投入，到底有无经济效应？有多大的经济效应？适合中国国情的社会保障规模应该占财政支出或 GDP 多大比例？这些问题都需要进行深入研究，因为在目前我国消费萎靡不振和"坚持扩大内需特别是消费需求"的背景下，这些问题的研究将在一定程度上关系到中国社会保障制度未来的调整方向。

社会保障涉及面很广，包括教育、医疗、养老、失业、抚恤等方面。但基于数据可得性，本书仅选取社会保障中的部分问题，采用现代计量经济分析方法研究其对消费、经济增长等方面的效应。

（二）选题意义

居民消费作为拉动经济增长的"三驾马车"之一，是社会总需求的重要组成部分，是支撑国民经济持续发展的原动力，直接影响整个国民经济增长的质量和速度。社会保障是影响居民消费的重要因素之一，因为在微观层面上，它可以保障人们的基本生活、改变预算约束和对未来收入的预期，对居民家庭的储蓄和消费产生一定的影响；在宏观层面上，还可以刺激消费、扩大内需、促进经济增长。因此，研究社会保障对居民消费的影响这一问题，不仅具有深远的理论意义，也具有重大的现实意义。本书分别分析了社会保障的微观效应和宏观效应，下面分别介绍其理论意义和现实意义。

1. 理论意义

当前理论界研究社会保障的文献较多，研究社会保障对居民消费影响的文章也不少，但是由于学者对我国社会保障统计口径没有达成一致意

---

① 2000 年数据为"抚恤和社会福利救济费 + 社会保障补助支出 + 行政事业单位离退休经费"之和，2018 年数据为"社会保障和就业支出"。

见，许多学者只是研究了社会保障某组成部分对消费的影响。本书系统地研究社会保障对居民消费的影响机理，并从微观和宏观角度对社会保障不同组成部分对居民消费的影响状况进行实证研究，且更进一步分析社会保障对经济增长的影响。因此，本书在某种程度上弥补了关于社会保障的居民消费及经济增长效应研究的不足。

（1）拓展和强化社保选择消费效应评价的理论体系。关于该问题的研究多数学者采用参数方法进行，但是参数方法①需要建立满足各种假设前提的模型，现实是所构建的模型往往既不适用于现实数据也不满足既有经济理论。因此，本部分将采用非参数方法②——倾向得分匹配法（Propensity Score Matching，PSM），基于 2009 年国家统计局中国城镇居民家庭收入和支出调查（China Urban Household Income and Expending Survey，CUHIES）数据和 2007 年中国家庭收入调查（Chinese Household Income Project Survey，CHIPS）数据分析居民社保选择的消费效应，并进一步依据户主年龄、户主是否就业和家庭人均收入等指标计算社会保障不同特征样本消费的处理效应。因此，本书将在家庭层面利用非参数方法给出社会保障的消费效应，为正确认识社会保障对家庭消费影响的问题提供理论依据，拓展和强化社保选择消费效应评价的理论体系。

（2）进一步丰富居民医保选择与医疗支出处理效应评价的文献。为避免传统方法估算过程中出现的偏差，本书采用处理效应模型（Treatment Effects Model），基于 2007 年 CHIPS 个人数据研究了不同种类医疗保险（包括"公费医疗或统筹"、"商业医疗保险"和"新农合"）的个人总医疗支出和个人实际医疗支出的处理效应。因此，本书可以为正确认识我国的各种医疗保险对城镇居民个人总医疗支出和个人实际医疗支出的处理效应提供理论依据。

---

① 参数方法是指在总体分布形式已知的情况下利用样本数据对总体分布的参数如均值、方差等进行推断的方法。

② 非参数方法是指在总体分布形式未知或知之甚少的情况下，利用样本数据对总体分布形态等进行推断的方法。由于非参数方法在推断过程中不涉及有关总体分布的参数，因而得名为非参数方法。

（3）利用"反事实"理论框架分析社会保障制度改革的处理效应。关于该问题的实证研究较少，主要是因为传导机制较长，且没有既定经济理论支撑的模型，即使已有相关模型，也存在不可观测变量或者假设前提不满足等问题。本书基于较为前沿的"反事实"分析框架（即为处理组个体构建政策缺失时的"反事实"值），采用 Hsiao 等（2012）发展的 HCW 方法，并利用我国33个地级市面板数据以嘉兴市新农合对第一产业经济增长影响为例分析该问题。本书将"反事实"分析用于研究社会保障制度改革的处理效应评价问题中，在为分析宏观经济政策效应提供方法的同时，也为社会保障对经济增长影响的研究提供实证依据。

（4）构建政府社保支出居民消费效应评价的理论体系。首先，在随机游走假说的基础上，结合我国实际情况，建立人均财政社保支出与人均最终消费之间的关系模型。该模型可以突破线性关系的局限，利用非线性关系刻画两者之间的动态关系，而线性关系只是描述两者之间的平均趋势关系。其次，应用系统广义矩估计方法进行估算。因为它包含被解释变量滞后项，因此，可以从计量角度有效控制消费惯性的影响，且广义系统矩估计使用差分转换数据可以克服不可观测变量与解释变量相关的问题或遗漏变量问题。另外，工具变量的选择还可以最大限度地避免内生性问题①，从而使研究结果更加可信。最后，由于我国财政社会保障支出区域差异较大，且社会保障的地区差异不同于经济发展的地区差异那样呈现明显的东高西低之势。因此，本书不仅在全国范围内分析财政社会保障支出对居民消费的影响，而且也基于东部、中部、西部三大经济区域对该问题进行有针对性的分析，将为正确认识我国财政社会保障支出对不同经济区域居民消费支出的作用方向、显著性及作用力度等方面提供理论依据。

2. 现实意义

社会保障是保障人民生活、调节社会分配的一项基本制度。完善的社

---

① 模型内生性问题是指模型中一个或者多个解释变量与误差项存在相关关系。所有基于调查数据的实证研究，由于无法保证处理组和控制组的相似性，无一例外均存在内生性问题的困扰。而这些困扰，主要源自一般性的遗漏变量偏误、自选择偏误、样本选择偏误和联立性偏误等多个方面（陈云松和范晓光，2010）。

会保障制度无论是对居民的生活还是对宏观经济发展，都有深远的影响。虽然目前我国已经基本建成适应社会主义市场经济体制要求、覆盖城乡居民的社会保障体系框架，但是依然存在保障水平较低、保障支出效率不高等问题。因此，对社会保障的研究可以在一定程度上明确社会保障的适度支出水平、提高社会保障的支出效率，具有重大的现实意义。本书的现实意义与理论意义相对应，主要包括以下四点。

（1）为如何提高居民家庭消费提供实证依据。关于社会保障对居民人均消费性支出影响的研究文献较多，但是由于模型界定的差异、解释统计数据造成的差异、选择样本的不同以及不同国家的社会保障体系存在的重大差异，该问题并没有达成一致结论。本书基于不同年份的家庭调查数据，利用可以提高结论可信度的非参数方法研究该问题，以确定社会保障关于消费的处理效应的方向及显著性，并分析社会保障关于不同特征样本的处理效应，可以为社会保障政策的进一步调整提供实证依据和政策参考。

（2）为最大化各种医疗保险效用提供实证依据。不同种类保险对总医疗费用支出和实际医疗费用支出具有不同的影响。如果保险不能降低居民实际医疗支出，不能促进居民就医，不能有效改善"因病致贫、因病返贫"的现象，这种医疗保险就必须进一步改革；如果医疗保险能够大幅度降低个人实际医疗费用支出，但提高医疗总支出，这种现象有可能是"过度医疗"等现象引起的，也必须进一步改革。本书采用处理效应模型，基于 2007 年 CHIPS 个人数据研究不同种类的医疗保险关于居民个人总医疗支出和个人实际医疗支出的处理效应，研究结论将为最大化医疗保险效用提供实证依据，并为政府医保改革提供政策建议。

（3）为我国社会保障制度改革提供实证依据。已有文献关于社会保障对消费和储蓄影响的研究较多，但是关于其对经济增长的研究多从作用机理和定性描述角度来分析，尤其是新农合执行时间相对较短、力度较小，关于其对第一产业经济增长影响的结论关系农村医疗保障将来的调整力度和发展方向。本书运用中国 33 个地级市面板数据，基于 Hsiao 等（2012）发展的 HCW 方法以浙江省嘉兴市为例，定量分析社会保障对经济增长的处理效应（即新农合对第一产业经济增长的影响），将为新农合的调整方向提供实证研究依据和政策参考。

（4）为我国建立合理的财政社会保障支出制度提供实证依据。合理的财政社会保障支出不仅可以保障城乡居民的基本生活，而且可以刺激消费并促进经济增长；过度的财政社会保障支出会导致政府财政赤字增加、财政风险加大，可能会影响国民经济的正常运行，还可能助长劳动者的社会惰性，劳动生产率难以提高，经济运行受损；而社会保障供给不足又会使城乡居民缺乏稳定的安全预期，未来收入和支出的不确定性增强，导致储蓄上升、消费低迷，不利于经济增长。我国社会保障制度亟待建立一种与经济发展相适应的财政社保支出机制，从而刺激消费，促进经济发展水平提高。本书从我国国情出发，研究人均财政社保支出与人均最终消费的关系，这将会提供与现实紧密相连的研究结论，为我国建立合理的财政社会保障支出制度提供实证依据。此外，近年来，我国内需不足，尤其是居民消费需求严重不足，已经成为制约我国经济健康稳定发展的瓶颈。因此，本书结合实证分析结论，为如何从财政支出的角度提高居民消费水平提供政策参考，对建立合理的财政社会保障支出水平、促进城乡居民消费水平及促进经济发展具有重要的现实意义。

二、研究思路、内容和方法

（一）研究思路

本书研究框架如图 1 - 1 所示。①通过文献研究和实地调查分析研究背景，以明确所研究问题的重要性和紧迫性。②基于以上理论和现实情况，本书从宏观和微观两个角度分析了四个平行问题。首先，采用 PSM 方法基于2009年国家统计局 CUHIES 数据和2007年 CHIPS 数据分析社会保障关于人均家庭总支出和人均家庭消费性支出的平均处理效应；其次，采用处理效应模型基于2007年 CHIPS 个人数据研究了"免费医疗或统筹""商业医疗保险""新农合"等三种医疗保险关于个人总医疗支出和个人实际医疗支出的平均处理效应；再次，运用 Hsiao 等（2012）发展的基于"反事实"框架的 HCW 方法，利用中国33个地级市面板数据，以浙江省嘉兴市为例，定量分析社会保障对经济增长的平均处理效应；最后，采用一阶系统 GMM 方法基于2000~2017年31个省（市、自治区）的面板数据分析全国、东部、中部和西部人均财政社保支出对人均最终消费支出的影响。③对实证结论进行归纳并进行分析比较，指出政策含义并对未来研究进行展望。

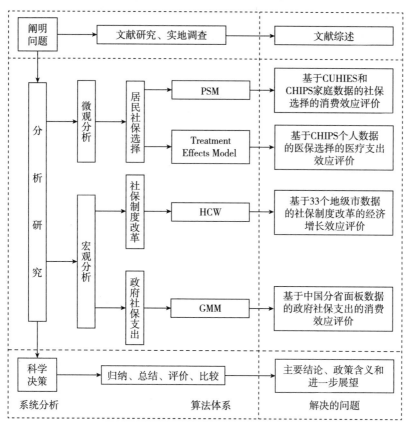

图1-1 研究框架

（二）研究内容

由于社会保障的经济效应涵盖内容较多，本书无法做到面面俱到。根据数据的可得性，仅从以下四个方面对该问题进行阐述。

1. 城镇居民社保选择的消费效应评价

由于采用的 2009 年国家统计局 CUHIES 数据为截面数据，为了避免参数方法估算过程中的模型设定误差，故采用非参数方法，即 PSM 方法，来分析社会保障（五险一金）对城镇居民人均家庭总支出和人均家庭消费性支出的影响，PSM 方法的共同支撑假定和平行性检验可以保证匹配质量，提高估算结果可信度。除此之外，还基于 PSM 方法利用 2007 年 CHIPS 数据分析社会保障对不同类型人群人均消费性支出的影响。

2. 城镇居民医保选择的医疗支出效应评价

医疗保险可以通过承担部分医疗支出提高参保家庭的风险承受能力，改善居民"因病致贫、因病返贫"的现象。居民衡量是否购买医疗保险或者购买何种医疗保险的主要标准是参加某种医疗保险是否可以降低实际医疗支出费用。本书基于 2007 年 CHIPS 个人数据研究不同种类的医疗保险对居民个人总医疗支出和个人实际医疗支出的影响。由于某些个体在调查期内没有医疗支出费用发生，故本书使用两项选择模型避免传统方法（如 OLS、MLE 等）估算过程中出现的偏差，并基于处理效应模型对该问题估算。

3. 社会保障制度改革的处理效应评价

上文得出的结论证实社会保障确实可以促进居民消费的增长，而居民消费是经济发展和增长的源泉和动力。在我国"人口红利"日渐枯竭且投资效率低下的背景下分析该问题，可以为经济增长开辟新的源泉。2003 年，我国执行了新农合政策，而我国农村经济 2003 年以后也终止其下降趋势，在 2004 年经历较大幅度增长后逐渐趋于平稳。因此，农村经济终止下降的时间点与新农合试点时间基本吻合。在这种背景下，"新农合是否对农村经济增长产生影响，影响是否显著"的问题便被社会各界关注。因此，为了分析社会保障对经济增长的促进作用，运用我国33个地级市面板数据，基于 Hsiao 等（2012）发展的 HCW 方法以浙江省嘉兴市为例，定量分析社会保障对经济增长的处理效应（即新农合对第一产业经济增长的影响）。

4. 政府社保支出的居民消费效应评价

社会保障制度能够解除城乡居民的后顾之忧并提供稳定的安全预期，合理适度的社会保障制度还具有扩大内需、促进消费和拉动经济增长的作用，但这都需要作为社会保障执行主体的政府有足够的经济实力提供资金支撑。因此，社会保障支出逐渐发展成为政府支出的重要组成部分，规模日益扩大且增长迅猛。但是，关于财政社会保障支出对居民消费影响的方向和显著性并没有达成一致结论。本书利用2000～2017年31个省（市、自治区）的面板数据分析我国人均财政社保支出与人均最终消费之间的非线性关系，并利用动态广义矩估计对所建模型进行估计，因为动态面板广义矩估计可以考虑消费惯性、避免内生性问题、克服遗漏变量问题。

（三）研究方法

本书以理论分析为基础，以实证研究为主体。实证研究的重点是通过选取相关数据，设定计量经济学模型，从不同角度定量分析社会保障各组成部分对居民各种消费及经济增长的影响。主要应用的计量经济学方法有以下四种。

1. 倾向得分匹配法

倾向得分（Propensity Score，PS）是所有协变量的一个函数，可以将协变量中蕴含的信息成功转移到 PS 中，降低维度；然后，根据 PS 结果，将政策参与者与得分相似的非政策参与者进行匹配；根据平行性检验和共同支撑假定等来判断匹配质量；当匹配效果较好时，用处理组的被解释变量减去控制组的被解释变量，即可得政策的处理效应。PSM 方法的优点在于，一般回归方程都假定变量满足一定的线性或者非线性函数形式，但在一般情况下这种假设都较难得到相关理论的支撑。而 PSM 方法为非参数方法，不需要对函数形式进行任何假设，因此可以避免函数形式设定偏误给计算结果带来的误差，而且 PSM 方法可以避免"非共同支撑"和"非平行"偏差，从而保证匹配质量。因此，本书利用 PSM 方法对 2009 年 CUHIES 数据进行匹配，用以估算社会保障给居民消费带来的影响。

2. 处理效应模型

处理效应模型考虑一个内生的二元变量对另外一个内生连续变量的效应。其中，二元变量 $Treat_i$ 表示个体是否接受处理（如是否参加医疗保险），若接受处理即为 1，否则为 0。本书中的连续变量为个人总医疗支出和个人自付医疗支出。处理效应模型的第一步为考虑各样本接受处理的可能性，被解释变量为 $Treat_i$，对解释变量做 Probit 回归。第二步为结果方程，被解释变量为上述连续变量。模型估算结束后，进一步估算个体处于处理状态和处理缺失状态时连续变量的期望值，两个期望值之差即为该个体的处理效应，然后将所有个体的处理效应求均值，即得整体的处理效应。

3. HCW 方法

利用非实验数据进行政策评估的难点在于不能同时得到政策干预个体在政策干预和政策缺失状态下目标变量的值，此时经济学家通过构造"反事实"状态求得政策干预个体在政策缺失状态下目标变量的"反事实"值，真实值与"反事实"值之差即为处理效应。此时用传统计量模型构建"反事实"状态困难重重，如存在缺少理论支撑、重要变量不可观测、模型的假设无法满足等问题。因此，Hsiao 等（2012）基于"反事实"框架发展了一种 HCW 方法分析宏观政策处理效应，不仅克服了传统计量方法在估算过程中遇到的困难，而且数据可获得性较强、测算过程简单明了。HCW 方法首先根据 R^2 或者似然值最大原则选择参照截面个数分别为 1，2，…，$N-1$ 时的最优拟合方程用于拟合政策干预个体的真实值，结果选出 $N-1$ 个最优方程，记为 $M(j)^*$，$j=1, 2, …, N-1$；然后，根据 AIC、AICC 或 BIC 准则[1]从 $M(1)^*$，…，$M(N-1)^*$ 中选择最优的

----

[1] AIC 为 Akaike Information Criterion，赤池信息准则；BIC 为 Bayesian Information Criterion，贝叶斯信息准则；AICC 为 Corrected Akaike Information Criterion，修正的 AIC 准则。

M（m）[*]，进而根据该拟合方程对政策实施后的被干预个体的"反事实"值进行预测。此时，真实值与"反事实"值之差即为政策的处理效应。本书用该方法分析社会保障对经济增长的影响。

4. 动态面板广义矩估计

面板数据比时间序列数据和截面数据更加复杂，通常的 OLS 或者 MLE 等方法均要求残差满足较多假定，但是现实情况往往比较复杂，可能不能满足相关假定。而广义矩估计仅要求满足一组矩条件，比较方便。且由于所研究的居民消费具有很强的惯性，因此利用动态面板广义矩估计分析财政社会保障支出对居民消费的影响，因为动态面板中自动包含被解释变量的滞后项。此外，动态面板广义矩估计可以通过工具变量避免模型中固有的内生性问题，而且因其使用的是差分转换数据，故可以克服遗漏变量问题。

三、研究创新点

近年来，社会保障体制改革一直是全社会关注的热点问题，学者们的研究也涵盖社会保障的方方面面。本书主要利用已有的计量经济学方法，从微观、宏观两个层面分析社会保障的消费和经济增长效应，并试图在以下几方面进行创新。

（一）基于 PSM 方法对居民社保选择的消费效应进行更准确、全面的测算

已有文献中，采用微观数据特别是具有权威性的国家统计局 CUHIES 数据，并利用非参数方法进行居民社保选择消费效应分析的文献并不多见，因此，可进一步丰富该领域的研究。首先，采用结论更加可靠的微观

数据测算居民社保选择的消费效应，包括 2009 年 CUHIES 数据和 2007 年 CHIPS 数据。其次，传统计量方法一般会受函数形式设定的困扰，存在理论模型欠缺、模型构建过程繁琐、模型前提假设无法满足等问题，因此，本书采用不需要对函数形式进行任何假设的 PSM 方法，以避免函数形式设定偏误给计算结果带来的误差。最后，根据居民社保选择的不同组合并基于户主年龄、户主所在行业和人均家庭收入等标准进行分组，比较全面地对居民社保选择的消费效应进行测算。所以，本书基于结论更可靠的微观数据和能避免传统方法局限性的非参数方法对居民社保选择的消费效应进行更加全面、准确的测算。

（二）基于处理效应模型测算居民医保选择的医疗总支出和自付支出效应

由于中国微观数据的缺乏，关于医疗保险的医疗消费效应的文献相对较少，而且同时分析不同保险对居民医疗总支出和自付支出影响的文献更为鲜见。本书基于 2007 年 CHIPS 数据以个人为单位分别测算"公费医疗或统筹"、"商业医疗保险"和"新农合"的居民个人医疗总支出和自付支出的效应。医疗保险对医疗总支出和自付支出的不同影响会导致个体不同的行为方式，如若减少医疗自付支出，则会刺激居民医疗消费从而可能增加医疗总支出，否则可能对居民的医疗需求影响不显著。与养老保险相比，居民可以在较短时间内享受医疗保险带来的福利，更加有利于短时间内促进消费的增加。因此，本书的分析在丰富相关文献的同时，还可以为医疗制度改革提供相关实证依据。

（三）基于"反事实"框架测算社保制度改革的经济增长效应

在"人口红利"逐渐消失、经济增长后继乏力的背景下，"制度红利"不仅足以抵消"人口红利"消失对潜在经济增长率的负面影响，而且可以使中国经济增长更加协调、平衡和可持续（姜天骄，2013）。"制度红利"

的获得必须先进行制度改革，且我国社会保障制度改革自改革开放以来已经取得巨大的成就，但是关于这项改革经济效应的测算研究尚不多见。主要原因是社会保障制度改革是一项复杂的系统工程，涉及经济社会的方方面面，且传统的计量方法存在诸多问题。本书基于"反事实"分析框架，采用 Hsiao 等（2012）发展的 HCW 方法以新农合对嘉兴市第一产业 GDP 增长率的处理效应为例测算社会保障的经济增长效应，以期为社会保障制度进一步改革和完善提供实证依据。

第二章
文献综述

一、社保选择消费效应评价的微观文献综述

社保选择与居民消费之间的关系一直是国内外众多学者研究的热点，他们从多个角度对该问题进行了探讨，下文将分别从国外和国内两个方面的微观实证文献进行回顾和述评。

（一）基于微观数据的国外文献综述

长期以来，在社会保障对消费影响的理论方面，西方学者做出了突出的贡献，比如 Modigliani（1954）的生命周期理论、Leland（1968）的预防性储蓄理论和 Samuelson（1958）的世代交叠模型（Overlapping Generations Model，OLG）等，都为后人的研究打下了坚实的理论基础。关于该问题的实证研究，学者们主要采用时间序列或者面板数据，且侧重分析养老保险对居民消费的影响。鉴于本书对该问题主要以微观数据为基础进行研究，下面主要综述基于微观数据的实证研究文献。

Cagan（1965）利用 1958～1959 年消费者联盟中 15000 位会员的数据

分析消费者的储蓄行为，研究发现，参与养老金计划会增加储蓄。他将之解释为养老金计划会唤起人们的退休欲望，从而促进一种"认知效果"，抵消消费者对未来的不确定性。

Gruber 和 Yelowitz（1999）利用美国针对低收入人群的基本医疗保险（Medicaid）在 20 世纪 80～90 年代大幅度扩张的数据，检验证实 Medicaid 确实可以起到降低储蓄、提高居民消费的作用，并得出 1993 年和 1984～1993 年 Medicaid 使得符合条件的家庭财产分别降低 16.3% 和 7.2%。

Yao 和 Zhou（2011）基于 2010 年中国家庭动态跟踪调查（China Family Panel Studies，CFPS）数据利用无条件分位数回归分析了对于不断升高的家庭保障覆盖率，家庭的异质性反应和社会保障对总消费的影响。主要结论为：①相对较富裕的家庭而言，比较贫穷的家庭对社会保障的反应程度较大；②住房公积金对较贫困家庭有负向消费效应，对中产家庭却有较大的正向消费效应；③如果医疗保险实现全国全面覆盖，且养老金和住房公积金在城市实现全面覆盖，则家庭消费占 GDP 比重将会增加 3.5%。

Kuan 和 Chen（2013）基于中国台湾行政院主计总处（Directorate General of Budget，Accounting and Statistics，DGBAS）的家庭收入和支出调查（Survey of Family Income and Expenditure，SFIE）1990～1994 年和 1996～2000 年数据（1995 年为 NHI 项目启动年）利用差分内差分（Difference in Differences，DID）方法估算了中国台湾全民健康保险（National Health Insurance，NHI）对预防性储蓄的挤出效应。分析结果表明：①NHI 对预防性储蓄有挤出效应；②储蓄率较高的人在 NHI 实施后储蓄率降低得较多；③家庭收入较高的人和户主为退休人员的家庭受到 NHI 的影响较大。

Ku 等（2019）基于 DID 方法利用 1993～2000 年中国台湾 DGBAS 的 SFIE 数据研究 NHI 是否会影响自费医疗支出的水平和结构。研究结果表明，NHI 的实施使家庭总支出降低了 2.11 个百分点，降幅最大的支出为医疗服务和药品。与社会经济地位较高的家庭相比，NHI 对社会经济地位较低的家庭影响更大。此外，NHI 的实施促进了人们在医疗保健类私人保险上的支出。

Zhao（2019）基于 2009 年、2011 年和 2013 年北京大学中国社会科学调查中心的 CFPS 数据采用三重差分法（Difference - in - Difference - in - Differences，DDD）和 PSM - DID 方法研究新型农村合作医疗重大疾病保险对农村家庭消费的影响。研究发现重大疾病保险可使家庭人均日消费额和家庭总消费额分别增加 15% 和 12%。但这种效应是异质性的，不健康家庭消费增长幅度大于健康家庭消费增长幅度，中年家庭的消费增长幅度大于老年家庭的消费增长幅度，且重大疾病保险对穷人的消费无显著影响，它主要促进了农村富裕家庭的消费。

因此我们发现，已有文献关于社会保障对消费的影响研究结论并不一致，但是大部分研究表明社会保障确实可以起到促进消费的作用，这与 Page（1998）的结论一致。他认为，研究方法的不同会导致养老社会保障对私人替代效应的结论不同。截面数据分析的结论一般认为养老社会保障会增加居民消费，而时间序列分析和跨国比较分析的研究结果很不一致。

（二）基于微观数据的国内文献综述

改革开放以来我国社会保障制度始终处于不断变革之中，且近些年中国居民消费长期萎靡不振，国家采取了诸如家电下乡、以旧换新等政策都没有起到良好的成效，此时社会保障与居民消费之间的关系逐渐引起国内学者的关注。学者们在研究社会保障与居民消费关系时，主要以实证为主，大部分论文采用宏观总和数据进行总量研究，基于微观数据的分析相对较少。

张继海（2006）从理论与实证两个层面研究社会保障对我国居民消费储蓄行为的影响，理论方面以确定寿命的消费者跨期决策理论为基础展开，引入不确定寿命、流动性约束以及养老保险，来考察现实居民的消费与储蓄行为，实证研究以辽宁省 2002 年 3250 户和 2003 年 3600 户城镇居民家调查数据为基础，分析是否拥有社会保障与社会保障财富拥有量的差异对中国城镇居民消费和储蓄行为的影响程度。结果表明，我国社会保障养老金财富对我国城镇居民消费支出具有显著的正效应，社会保障在 2002

年和 2003 年分别使城镇居民户人均消费支出增加 374.766 元和 408.863 元。

何立新等（2008）基于 1995 年和 1999 年 CHIPS 数据考察了养老保险改革对家庭储蓄率的影响。结果表明，在中国养老金对家庭储蓄存在明显的替代效应，这一效应大概为 -0.4 ~ -0.3。这种替代效应对不同的家庭有明显的异质性，户主年龄为 35 ~ 49 岁家庭的储蓄率显著受养老金财富的影响，而对于年轻家庭，其家庭储蓄率比较低，且储蓄的主要动机并非养老，因而家庭储蓄受养老保险改革的影响并不大。养老金财富的增加会使教育和医疗支出的增长幅度超过日常消费支出的增长幅度；反之，当养老金财富下降时，家庭会更多地减少教育和医疗支出。

陈祎和阎开（2009）基于 1991 年、1993 年、1997 年、2000 年、2004 年和 2006 年中国健康与营养调查（China Health and Nutrition Survey，CHNS）数据，利用 OLS、固定效应的线性面板数据回归、Blinder – Oaxaca 分解等方法分析了医疗保险与耐用品消费的关系。结果表明，医疗保险在 1991 ~ 2000 年增加人均耐用品消费 354.55 元，但这一效果呈现下降趋势，2004 年和 2006 年分别为 180.47 元和 74.09 元。关于增加边际消费倾向方面，结果表明，1991 ~ 2000 年、2004 年和 2006 年医疗保险分别增加边际消费倾向 6.3%、2.8% 和 0.6%，刺激效果也呈现递减趋势。

甘犁等（2010）基于 CHNS 数据和中国城镇居民基本医疗保险试点评估入户调查数据，利用 DID 方法分析了新农合、城镇职工医疗保险、城镇居民基本医疗保险和消费的关系。结果表明，2007 年，政府在新农合上的投资撬动约 2.36 倍的农村居民消费；城镇职工医疗保险带动 4.16 倍的城镇家庭消费；全国城镇家庭也因为参加城居保而新增消费 2190 亿元；基本医疗保险的实施使我国居民储蓄率下降约 4.34 个百分点。

方匡南和章紫艺（2013）基于中国社会综合调查开放数据库（Chinese General Social Survey，CGSS）《中国城乡居民生活综合调查》2006 年家庭微观调查数据，利用反事实分析和分位数分解方法研究社会保障与不同消费阶层之间、城乡之间的家庭消费差异的关系。结果表明，有社会保障家庭的人均消费远高于无社会保障家庭，但前者差异更大，后者低消费人群较多。有社会保障和无社会保障家庭的消费差异主要是由收入、地产财富等差异造成的。

封福育（2016）利用 CGSS 2010 年微观调查数据，采用分位数回归法研究社会保障对城镇居民消费的影响。研究结果表明，在同等消费水平下，参加社会保障城镇居民的边际消费倾向要高于未参加社会保障者；不同收入组城镇居民的边际消费倾向大致呈"几"字形，即高收入组居民和低收入组居民的边际消费倾向较低，而中等收入居民的边际消费倾向较高；此外，参加社会保障居民的边际消费倾向随着年龄增加呈现明显的递减趋势，但随着受教育程度的提高呈现上升趋势。

范黎波等（2017）基于分位数回归与反事实分解方法，利用 CGSS 数据库数据，探究不同社会保障类型和不同单位体制下社会保障提升对不同层次居民消费的影响。研究结果表明，不同类型的社会保障对居民消费影响是不同的，与医疗保险相比，养老保险对居民消费支出的增加起到了更为明显的促进作用；社会保障提升对不同消费层次居民的消费支出影响也是不同的，对中低消费层次居民的正向影响更为显著；社会保障仅对国有企事业单位居民的消费收入弹性差异有显著影响；社会保障对非国有企事业单位居民的消费弹性影响度要大于对国有企事业单位居民的消费弹性影响度。

另外，还有学者分析了社会保障缴费率对家庭消费的影响。例如，白重恩等（2012）基于城镇住户调查 2002～2009 年 9 省（市）数据，以生命周期模型为基础，利用 IV 和 OLS 方法分析职工当期的养老保险缴费对家庭消费和储蓄的影响。结果发现，2002～2005 年，家庭的职工养老金缴费率从 4.8% 上升到 5.9%，家庭平均消费倾向从 81.5% 下降到 76.6%。邹红等（2013）基于 2002～2009 年广东省城镇住户调查数据，利用 OLS 和 IV 方法分析社会保险支出对城镇家庭消费的影响。结果表明，社保缴费率增加 1%，城镇家庭消费将会降低 0.63%；养老保险缴费率增加 1%，消费将降低 2.58%。作者认为，这可能是因为养老金缴费的预期收益较低或者居民面临信贷约束等造成的，同时作者并不否认参加社会保障可以促进消费增加。

（三）国内外文献述评

国内外微观实证研究的结论基本一致，即我国社会保障支出可以正向促进消费增加、降低储蓄，主要原因是社会保障能消除不确定性，对居民消费支出产生引致效应，并起促进作用。但是由于微观实证文献较少且学者们的样本区间不一致，无法直接比较各学者研究结论。此外，文献中多采用虚拟变量代表家庭或个体是否拥有社会保障，可能是学者无法得到家庭或个体样本期间具体社会保障支出额。学者的研究结论之所以不一致，主要是因为基于截面数据的分析一般为微观数据，社会保障对微观个体的影响比较直接，当个人获得或者预期获得社会保障收益时，便增加其支出。而对于时间序列或者跨国比较则主要利用宏观总和数据，此时社会保障对消费的传导路径较多且各国经济状况各异，因此无法达成一致意见。当然实证研究结果不同，还可能是由于模型界定的差异、解释统计数据造成的差异以及选择样本不同而产生的差异，或者由于不同国家的社会保障体系存在重大差异。低保障发达国家的私人消费主要依赖于其自身的劳动收入，社会保障的收入再分配作用有限，不足以刺激或抑制消费，对消费的影响也不确定；高保障发达国家的社会保障对收入再分配有较大影响。大多数发展中国家的社会保障体系还不健全，社会保障对消费的影响是正向的。

二、医保选择医疗支出效应评价的微观文献综述

医疗保险一般通过两种途径影响居民医疗支出：首先，医疗保险可以影响居民对医疗服务的需求，从而影响其自付医疗总支出，即居民可能会

因为医疗保险引起的医疗服务价格的降低而增加医疗需求，从而可能增加医疗总支出和自付医疗支出；其次，医疗保险可以通过为被保险人患病并接受诊疗期间发生的医疗费用提供一定的经济补偿来降低居民医疗支出，但由于医疗市场信息不对称，医疗保险可能导致一定程度上的医疗过度消费和供给诱导需求从而增加居民医疗支出。因此，一直以来，医疗保险被视为影响居民使用医疗卫生资源的重要外在束缚条件之一。理论上，完善的医疗保险制度可以为被保险人提供更加低价优质的医疗服务，减少被保险人的后顾之忧。但是现实中的医疗保险制度都或多或少存在不完善的地方。因此，实证文献中关于医疗保险对家庭医疗消费支出的方向至今没有达成一致意见。

（一）基于国家发展水平的国外文献综述

国际上，兰德（RAND）健康保险实验无疑是健康保险和医疗服务需求研究中最有影响力的，该实验是美国联邦政府于1974~1977年资助的大规模健康试验，目的是分析美国战后医疗支出高速增长的原因。Manning等（1987）利用该实验数据分析发现，与自付比例为95%的保险计划的消费者相比，被随机分配到免费医疗计划中的消费者的就诊次数和医疗支付分别高67%和46%，即自付比例下降可以增加消费者对医疗服务的需求量。近些年来，关于该问题的实证研究越来越多，而且研究内容也越来越具体。

Chu等（2005）基于中国台湾SFIE1994年和1996年的数据，考察了1995年中国台湾执行的NHI项目对家庭自付医疗费用的直接和间接影响，通过在模型中加入"收入/NHI"和"地区/NHI"两组交互项来分别测量NHI对不同收入水平和不同地区的家庭自付医疗费用的影响。他们发现，平均家庭自付医疗费用由1994年的23046新台币下降到1996年的17726新台币，降低23.08%。此外，NHI对于收入从1~5个分位数的影响分别是-15.95%、-4.33%、-8.78%、-20.99%和-26.61%，因此NHI对较富裕家庭自付费用降低作用较大；对台湾、北部、中部、南部和东部家庭自付费用的影响分别为 -23.08% 、 -26.75% 、 -27.88% 、 -8.59% 和 -41.27% ，因此 NHI 对东部地区家庭自付费用降低作用较大。

Wagstaff 和 Lindelow（2008）基于甘肃基础教育调查（The Gansu Survey of Children and Families，包括 2000 年和 2004 年数据）和 CHNS（包含 1991 年、1993 年、1997 年和 2000 年 4 年数据）两份面板数据，以及世界银行卫生 VIII 项目基线调查（World Bank Health VIII Project Baseline Survey，1998 年数据）一份截面数据，利用固定效应面板 Logit 模型（对于面板数据）和工具变量法（IV，对于截面数据）分析医疗保险对自付医疗保健费用的影响。他们发现，中国的现象与常识（即参加医疗保险可以降低自付医疗费用）不同，对于年医疗保健支出费用大于样本平均收入 5% 的个体来讲，参加医疗保险可以增加其自付比例 15% ~20% ，对于医疗保健费用支出大于样本平均值 10% 的个体，增加效应更大。他们解释这是因为参加医疗保险会鼓励人们对较昂贵医疗服务的选择，且医疗服务提供者也倾向于为参保个体选择较昂贵的医疗服务。

Wagstaff 等（2009）基于两个面板数据（一个包含家庭和个人信息的面板数据来自 2003 年 12 个省份中 10 个参合县和 5 个非参合县的调查以及 2005 年对其的跟踪调查；另一个包含医疗设施的面板数据来自 17 个省份所有的乡镇卫生院和县医院），利用匹配—差分内差分（PSM - DID）方法分析新农合的效应，他们发现新农合增加了居民就医的可能性，从而增加了门诊和住院医疗服务的利用率，并降低了妇女生育成本。但是每次门诊或住院的自付费用并没有降低，他们认为原因之一可能是在参合的情况下，人们倾向于增加医疗服务利用的缘故；另一种原因是新农合只是降低了某种医疗服务（如生育）的服务价格，但是其他项目的费用并没有降低甚至上升（虽然并不显著）。此外，新农合对于收入不同的居民具有异质性，收入较低的居民在接受门诊服务时更倾向于使用服务成本较低的低级仪器，因此他们自付费用的增加并不明显。新农合增加了中心乡镇卫生院先进仪器的数量，但是对每次的使用费并没有影响。

Wagstaff 和 Pradhan（2005）基于越南生活水平调查（The Vietnam Living Standards Survey，VLSS）1992/1993 年、1997/1998 年的数据，利用 DID 和 PSM 方法估算了越南健康保险对家庭医疗支出中自付额度的影响，并且估算其对非医疗消费支出的影响。结果表明，参加健康保险的家庭增加了其用于家庭的非医疗消费，包括食物支出和非食物支出（非食物支出的增加大于食物支出的增加）。其中，由于健康保险引致的家庭每年医疗支出中自付部分降低额度低于家庭在非医疗消费支出的增加。

Jung 和 Streeter（2015）基于 CHNS 1991～2006 年数据利用可以解决截断数据[①]问题的两部模型和可以解决自选择问题的样本选择模型，分析了中国医疗保险对个人自付医疗保健支出（Out‐of‐Pocket Health Expenditure）的影响。他们发现，参加医疗保险会增加个人有正自付医疗保健支出的可能性，但是个人自付医疗保健支出会降低。对于一个有正自付医疗保健支出的参保个人，医疗保险会使自付额度降低 11.4%～13.6%，该结果在统计上非常显著。另外，如果存在逆向选择，是否参保和正医疗保健支出之间应该为正向相关，但是该文章发现两者之间是显著负相关，其值介于 -0.121～-0.244 之间。分位数回归还发现，医疗保险对于医疗支出水平较高或者较低的个体影响比较显著。

Wirtz 等（2012）基于 2008 年墨西哥全国家庭收入支出调查数据（截面数据），将家庭按照家庭医疗保险种类（社会保障、大众健康保险、混合型保障[②]、没有保险）分类，利用 Heckman 样本选择模型和倾向得分匹配法研究了墨西哥医疗保险对正自付药品支出发生的概率和金额，以及药品自付费用占家庭可支配收入比例的影响。他们发现，药品自付费用占总医疗支出的 66%，占可支配收入的 5%；与无医疗保险家庭比较，拥有医疗保险的家庭有正自付药品费用的可能性较小；对于正药品支出占可支配收入比例而言，与无医疗保险家庭相比，拥有社会保障和混合型保障的家庭会分别降低 1.7% 和 1.4%，对于拥有大众健康保险的家庭而言，与无

---

① 截断数据是指从大于或小于某个数的范围内抽取样本观测值的数据。
② 混合型是指家庭成员拥有不同类型的医疗保险类别或者只有部分家庭成员参加医疗保险的情况。

医疗保险家庭无区别。

Zhang 等 （2017）从 2011 年和 2013 年中国健康与养老追踪调查
（China Health and Retirement Longitudinal Study，CHARLS）数据中抽取
32387 名中老年人作为样本研究我国医疗保险和自付医疗支出之间的关系。
研究结果发现，①拥有健康保险会增加利用医保的可能性，减少住院病人
的 OOP 支出；②中低收入者自费支出降低较多，但由于门诊统筹覆盖率较
低等原因使得医疗费用较高的患者仍然面临风险；③农民工几乎没有享受
到医疗保险的好处，说明制度性障碍仍然存在；④医保不会增加患者到基
层医疗卫生机构就诊的次数，医院仍然是医疗服务的主要提供者，然而，
有证据表明患者会从较高等级医院转移到较低等级医院；⑤住院治疗患者
的药品自费支出减少，但门诊患者的药品自费支出并没有减少，说明人们
需要依靠住院治疗来获得可报销的药品，给本来就人满为患的医院更大的
压力。

（二）基于不同计量方法的国内文献综述

由于中国微观数据的缺乏，关于医疗保险对医疗支出影响的文献相对
较少。学者们主要利用中国老人健康长寿影响因素跟踪调查（Chinese Lon-
gitudinal Healthy Longevity Survey，CLHLS）、CHNS、CHIPS 等数据库，重
点分析医疗保险对医疗服务需求的影响、医疗保险对健康的影响、医疗保
险对医疗支出的影响等问题。

黄枫和甘犁（2010）基于 2002 ~ 2005 年 CLHLS 数据库，利用两部模
型、Heckman 样本选择模型和扩展的样本选择模型分析医疗保险对中国城
镇老年人总医疗支出和家庭自付医疗支出的影响。他们发现，由于医疗保
险降低了医疗服务的实际价格，2004 年享受医疗保险的 60 岁以上老年人
的年家庭自付医疗支出比无保险的老年人低 43%（约合 1149 元），而总医
疗支出则比无保险的老年人高 28% ~ 37%（约合 1072 ~ 1264 元）。且作者
发现，享受医疗保险老年人（按生存概率加权）和无医疗保险老年人的平
均总医疗支出分别为 64689 元和 42198 元，两者相差 22491 元，预期寿命相

差 5 年。因此，医疗保险可以使城镇老年人的健康状况得到进一步提高，医疗支出的健康边际效应较高。

王大海（2013）基于 CHNS 2009 年的微观数据，运用两部模型和分位数回归实证分析中国不同的基本医疗保险制度对居民医疗消费的影响。两部模型分析结果表明，与无保险的人相比，新农合对参保者的患病就诊行为在 10% 显著水平下具有正向促进作用，其患病就诊率提高 7.08%，而城镇居民基本医疗保险和城镇职工基本医疗保险对患病就诊行为影响不显著；在医疗支出方面，与无保险的居民相比，新农合在 5% 显著水平下降低居民医疗支出 39.1%，城镇职工基本医疗保险参保者的医疗支出却增加了 46.9%，城镇居民医疗保险对医疗支出影响不显著。分位数回归结果表明不同的医疗保险制度对不同水平医疗支出的影响具有异质性。

刘国恩等（2011）基于 CLHLS 22 个省份 2005 年的调查数据，以 Anderson 医疗服务利用模型为基本框架，分别估计了中国 65 岁以上老年人医疗服务利用的 Heckman 样本选择模型和两部模型以分析老年人的医疗服务需求和医保制度的作用和影响。他们发现，①医保制度可以显著增加老年人的就医程度，而非是否选择就医的行为，而且对于真正急需就医的高龄老人而言，医保制度可以明显促进其及时就医率；②医保制度可以显著减轻中国老人家庭医疗负担，就城乡平均水平而言，总医疗负担可减轻 1/4 左右，其中自付费用占总费用的比重降低一半以上；③在减轻老人家庭医疗负担和提高及时就医率方面，城镇医保和公费医疗所发挥的作用都明显大于其他保险形式。

胡宏伟等（2012）基于 2007～2010 年 9 个城市的家庭面板数据，利用面板数据混合效应 Tobit 模型、随机效应 Tobit 模型和固定效应 Tobit 模型方法分析了医疗保险对家庭医疗消费绝对量以及医疗支出占家庭总消费比例这一相对量的影响。他们发现，在控制其他因素的前提下，与没有医疗保险的家庭相比较，拥有医疗保险家庭的医疗消费绝对量每年会增加 1081 元，医疗支出占家庭总消费比例会提高 2 个百分点。他们认为，这是因为医疗保险很可能会降低医疗卫生服务的相对价格，从而刺激家庭成员购买更多的医疗卫生服务。最后，分群体家庭研究表明，在全体家庭和城市户籍家庭中，这种正向促进作用比较显著，而对农村户籍家庭而言，这种影响并不显著。

臧文斌等（2012）基于2007年（基线调查）和2008年（第一次随访调查）中国城镇居民基本医疗保险试点评估入户调查数据，采用可以较好地解决由于选择性偏差所导致的内生性问题的DID方法和固定效应模型方法，系统地分析了城镇居民基本医疗保险对家庭年医疗开支的影响。他们发现，城镇居民基本医疗保险没有导致城镇居民自付医疗费用增加，参加城镇居民基本医疗保险家庭的医疗花费平均要比未参保家庭多9.7%，并且该统计量在1%的显著水平下显著。作者认为可能的原因是参保家庭的健康状况比未参保家庭差，是居民自我选择的结果。最后，拥有城镇职工医疗保险和公费医疗会使医疗花费分别增加6.8%和13.4%，并且都在1%的水平上显著，作者认为医生诱导需求和病人的过度消费可能是主要原因，因为这两项强制性保险基本不存在逆向选择问题。

阎文莉等（2016）基于固定效应模型和随机效应模型利用2009年和2010年农村固定观察点数据（包括31个省份的346个县，共计360个村庄，20100个农户），分析了医疗保险对不同地区、不同收入层级的农村居民家庭医疗消费支出和非医疗消费支出的影响。研究结果表明，医疗保险对农村居民家庭的医疗类消费不存在显著影响，对非医疗类消费支出则存在显著的正向促进作用。分地区来看，医疗保险对东西部地区农村居民家庭医疗类消费的影响差异显著，对东中部地区农村居民家庭非医疗类消费支出的影响同样差异显著；分收入层级来看，医疗保险对家庭医疗类消费的影响在不同收入层级的农村居民家庭之间不存在显著差异，但对非医疗类消费支出的影响在不同收入层级之间差异显著。此外，商业医疗保险作为医疗保险体系的重要组成部分，对促进农村消费可起到带动作用。

熊波和李佳桐（2017）依据CHNS 2011年统计结果，包括9个省1997～2011年共6个年份的农户微观数据，使用固定效应模型和DID方法对新农合政策的效果进行分析。在控制内生性的前提下，对新型农村合作医疗保险政策给农村居民消费带来的影响进行分析评估。评估结果显示，新型农村合作医疗保险政策对居民消费无显著影响。虽然该政策对提高中等收入群体消费水平作用显著，但并没有从根本上解决贫困人群的医疗支出和消费问题。

宋月萍和宋正亮（2018）利用国家卫生和计划生育委员会组织的"2014年全国流动人口动态监测调查数据"，采用工具变量法和两阶段最小二乘法（2SLS）实证研究医疗保障对流动人口消费的影响。研究结果表明，参加医疗保险对流动人口的消费具有显著的促进效应。在用工具变量法控制内生性后，参加医疗保险将使流动人口的人均非医疗消费提升6.5%。医疗保险的保障水平与流动人口消费水平显著正相关，保障水平越高的医疗保险对流动人口消费的刺激作用越大，在本地参保将使流动人口非医疗消费增长13.4%。医疗保险对流动人口消费发挥作用的主要机制为预防性储蓄。

臧旭恒和张倩（2019）利用2010年、2012年和2014年北京大学中国社会科学调查中心的中国家庭追踪调查（CFPS）数据，基于扩展的世代交叠模型和PSM方法实证分析父辈是否参加医疗保险与子代家庭消费行为的关系。研究结果表明，父辈参加医疗保险的子代家庭比父辈未参加医疗保险的子代家庭消费高18%；父辈参与医疗保险状况对子代家庭消费的影响存在城乡和区域差异，并与子女的性别及年龄有关。医疗保险可以在一定程度上替代"家庭养老"，减轻子代家庭的养老负担，对子代家庭消费具有溢出效应。

（三）国内外文献述评

从国外文献可以看出，对较发达国家而言，医疗保障不仅可以提高医疗需求，而且可以显著降低消费者自付比例；而对于中国等发展中国家来讲，结论基本上为医疗保险可以提高医疗需求，但是对于自付医疗支出影响的结论不一致。可能的原因是，发达国家的医疗保险制度比较完善，基本可以实现全民覆盖，而且保障水平较高，参保者自付医疗保健支出往往低于非参保者；对于中国、印度等发展中国家而言，由于医疗保险制度存在覆盖率不广和保障水平较低等问题，关于医疗保险对居民自付医疗支出影响显著性、方向和大小都存在较大的争议（Waters 等，2004）。而国内学者基本认同医疗保险可以显著提高医疗需求，但是对于医疗保险是否可以降低消费者自付医疗费用并没有达成一致意见。而且研究该问题的一个障碍是内生性和样本选择问题，上述文献中一般采取 Heckman 选择模型和两部模型来克服自选择问题，对于内生性问题采用随机调查数据，对于非随机调查数据一般采用 IV、半参数等方法。

三、基于"反事实"框架宏观经济效应评价的文献综述

生活中，人们经常对一类问题感兴趣，如"如果没有 2008 年的 4 万亿元投资计划，我国经济状况是否会更差？""如果没有美国的量化宽松政策，我国的通货膨胀率是否会降低？""如果农业税没有被全面取消，农村居民消费水平是否会更低？"将一项政策的既定结果与假定改变某些假设前提后的结果相比较，在统计学和计量经济学中，被称为"反事实"分析。Galileo 是已知的最早使用"反事实"思想的科学家，他通过控制因素变量的变化来定义因果效应。使用"反事实"思想的经济学家则始于 Alfred Marshall，他用"其他条件不变的情况下"来表示这一思想。计量经济学于 20 世纪 30 年开始构建"反事实"方法，并基于观测数据、经济理论和统计学方法构建了大量的计量经济模型来构造"反事实"状态。

"反事实"分析必须首先区分微观和宏观两种情况。对于经济政策微观效应评价而言，经济政策在某一给定的时间框架内被作用于多个个体（被称为"处理组"）；而对于宏观效应评价而言，经济政策被作用于一个

或者少数个体，时间段被分为政策干预期和政策缺失期。确切地说，假设在 $t=1$，2，$\cdots$，T 时间段内有 $i=1$，2，$\cdots$，N 个个体，对于微观效应而言 N 大 T 小，对于宏观效应而言 N 小 T 大，且时间段分为政策干预前和干预后两部分。微观经济政策评价文献较多，被称为处理效应文献。但是对于经济政策宏观效应评价而言，缺少系统的讨论。本书主要综述经济政策的宏观效应评价中"反事实"分析的应用。

（一） 基于"反事实"分析方法的国外文献综述

国外关于"反事实"研究的理论较国内丰富，在理论和实证上都取得了较大进展，下文主要综述近几年比较流行的用"反事实"思想分析宏观经济现象（如经济增长、出口等宏观变量）的文献。

Ching 等（2011）利用 HCW 方法分析了入世对中国经济的影响。HCW 方法认为，经济中存在某些公因子共同驱动处理组和控制组中的个体，这些公因子的存在使个体具有相关性，这使得利用控制组个体对处理组个体进行预测成为可能。作者利用 1995Q1~2001Q1 数据找出对中国 GDP 增长率模拟最佳的 13 个国家，求出这些国家的权重，然后利用权重求得中国在 2002Q1~2007Q4 期间 GDP 增长率的"反事实"值，真实值与"反事实"值之差即为处理效应。计算结果表明，入世使中国在 2002~2007 年年均实际 GDP 增长 2.7%，出口增长 13.2%，进口增长 18.89%。

Hayashi（2014）利用 HCW 方法评估了日本首相安倍晋三上任第一季度所推出的政策对日本实际 GDP 的影响。作者首先利用 HCW 方法检验神户地震对日本 GDP 的影响，发现神户地震并没有使灾难期间日本 GDP 发生结构性变化，且震后真实 GDP 高于"反事实"值，是灾后重建期内公共部门和私人部门的开支高于灾区的损失所致。但是随后作者同样用 HCW 方法分析日本"3·11"大地震对 GDP 的影响，发现 GDP 发生了结构性的变化，使得震后 GDP 显著降低。作者还认为安倍晋三上任第一季度日本 GDP 并没有达到其"反事实"值，即假如日本 2011 年 3 月 11 日并没有地震和海啸该季度应该达到的 GDP 值。真实 GDP 和"反事实"

值之间的差距为每年 3 万亿 ~ 13 万亿日元（计算方法的不同导致不同的结果）。

Pesaran 和 Smith（2016）利用简化的结构方程模型构建"反事实"状态，分析若 2009 年 3 月英国没有执行量化宽松货币政策经济增长与现实经济增长将会有何区别。作者构建了两个模型（模型 M1 为关于产出增长和长短期利差的二元动态等式，模型 M2 在 M1 中增加了美国和欧元区的产出增长率），并基于两个样本期（1980Q3 ~ 2008Q4，1980Q3 ~ 2011Q2）来分析该问题。结果表明，量化宽松货币政策导致的长短期利差 100 个基点的降低使产出增长了 1 个百分点，但是这种效应很快会在一年内降到零，且这种政策效果随着量化宽松的增加而递减。该研究表明，大规模的救市政策虽然在短期对经济具有显著的刺激作用，但其长期的效应接近于零。

Campos 等（2013）利用 Abadie 和 Gardeazabal（2003）等的加权"反事实"方法，即控制合成法（Synthetic Control Method，SCM）分析了欧盟一体化对其成员国人均 GDP 增长率和生产率的影响。控制合成法首先是找到处理组和被处理组的一些共同控制变量 X_t 和 X_c，然后求解 $\min\ (X_t - X_c W)' V\ (X_t - X_c W)$，使得控制组个体这些特征变量的加权组合值与被解释变量的特征变量最接近，求得最优加权矩阵 W^*，此时将最优加权矩阵对处理组的人均 GDP 增长率或者生产率加权求和，即可得处理组个体在这两个指标上的"反事实"值，实际 GDP、人均 GDP 增长率或者生产率减去加权"反事实"值即为处理效应。该方法要求控制组特征变量 X_c 只能预测处理组的 X_t，而不能预测处理效应。此外，控制组中的个体不能暴露在政策干预之下。研究结果显示，成为欧盟成员国可以促进人均 GDP 增长率和生产率提高，但异质性明显。例如，丹麦、爱尔兰、英国、葡萄牙、西班牙、奥地利、芬兰、爱沙尼亚、波兰、拉脱维亚和立陶宛的人均 GDP 增长率和生产率都有显著提高；瑞典、捷克、斯洛伐克、斯洛文尼亚和匈牙利的人均 GDP 增长率和生产率虽然为正，但幅度较小；希腊是唯一一个人均 GDP 增长率和生产率因为加入欧盟而降低的国家。

Adhikari 和 Alm（2016）利用 SCM 分析中东欧 8 个国家采用单一税制改革（Flat Tax Reform）后最初 5 年内对其经济的影响。5 年间，单一税制改革平均提高处理组国家人均 GDP 18.2%，其中，第一批执行政策国家（爱沙尼亚和拉脱维亚）和第二批执行政策国家（俄罗斯、斯洛伐克、乌克兰、格鲁吉亚、罗马尼亚和土库曼斯坦）人均国内生产总值的平均处理效应分别为 17.8% 和 18.3%。

Possebom（2017）利用 SCM 评价 20 世纪巴西玛瑙斯自由贸易区对玛瑙斯市的经济效应。研究结果表明，玛瑙斯自由贸易区对玛瑙斯实际人均 GDP 和人均服务业总产值有显著正向影响，但对人均农业总产量具有显著负效应。

（二）关于宏观经济效应评价的国内文献综述

"反事实"方法在我国的应用目前处于初级阶段，理论上基本没有取得进展，现有文献仅是对国外现有理论和方法的应用。

卫梦星（2012）利用 HCW 方法对 2008 年第三季度后中国政府实施的"4 万亿元"投资计划的经济增长效应进行了详尽分析。作者首先利用 2001Q1 ~ 2008Q1 的数据寻找最优控制组并求得最优控制组的权重，从而得出最优拟合模型。然后，利用该模型估算 2008Q3 ~ 2011Q3 经济增长的"反事实"值，真实值与"反事实"值之差即为处理效应。研究发现，"4 万亿元"投资使得 2009 年我国实际 GDP 增长率增加了 0.93 个百分点，但是 2010 年后政策效应迅速降低，对经济增长贡献率为负，2011 年该政策的刺激效应基本消失，因此该经济刺激计划并无长期效应。该结论与 Pesaran 和 Smith（2016）分析的英国量化宽松货币政策效应较一致。此外，卫梦星（2013）同样利用 HCW 方法以重庆为例分析了西部大开发的经济增长效应。结果表明，2000 ~ 2007 年西部大开发的实施使重庆人均 GDP 增长率增加了 2.24 个百分点，相对贡献率为 21.51%，因此作者认为西部大开发对于缩小中部、东部与西部地区的差异至关重要。HCW 方法特别适用于宏观经济计量背景，它已被应用于估计中国加入 WTO 的宏观经济效应（Ching 等，2011）、中国 2008 年的经济刺激计划（Ouyang 和 Peng，2015）、中国的高铁项目（Ke 等，2017）和中国的清洁空气行动（Li 等，2019）等。

刘秉镰和吕程（2018）基于 SCM 和中国 31 个省（市、自治区）自 2010 年 1 月至 2017 年 3 月共 87 个月的月度面板数据，分别从货物进出口贸易、经济增长、固定资产投资等方面对上海、天津、广东、福建四个自贸区成立的经济影响进行评估。结果表明，四大自贸区设立均对地区经济运行产生了不同程度的显著正向影响，且不同自贸区的经济影响存在明显的差异化特征。

于新亮等（2019）基于 SCM 和 2000～2016 年中国包括青岛市在内的 35 个城市面板数据，量化评估长期护理保险对医疗费用支出的政策影响。结果表明，青岛市在实施长期医疗护理保险制度之后，人均医疗费用短暂下降，随后迅速持续增高，总体上升幅度约为 6.18%；青岛市医院的医疗费用支出增长变动不大，而基层医疗机构的医疗费用支出显著增长。

此外，关于经济政策的宏观效应，国内学者还应用其他方法进行估算。赵进文等（2010）利用非线性 STR 模型和面板数据的门限效应模型，从国家和区域两个层面估算了我国保险消费对经济增长的效应。张彬和朱润东（2009）对 Badinger（2005）模型进行了改进，并借鉴了 Frenkel 和 Trauth（1997）的理论思想，将人力资本作为中间变量引入模型，分析了经济一体化对不同质国家的经济增长的影响。孙爱军和刘生龙（2014）在一个索洛模型的基础上引入人口结构变量建立计量经济模型，应用 1990～2010 年面板数据分别使用固定效应模型、OLS 和 IV 方法对人口经济变迁的经济效应进行了实证研究。此外，还有学者利用不同的方法研究某种政策的经济增长效应，但是大部分作者使用的都是传统的计量经济学方法。

（三）国内外文献述评

我们发现通过构建"反事实"状态进行处理效应评估是当今政策评估的热点，但是反事实分析至今未取得较大进展，而且各种方法远非完美。

国外已有文献的研究方法主要是 Hsiao 等（2012）、Pesaran 和 Smith（2016）、Abadie 和 Gardeazabal（2003）、Abadie 等（2010，2012）发展的方法。其中，Hsiao 等（2012）发展的 HCW 与 Abadie 和 Gardeazabal（2003）、Abadie 等（2010，2012）发展的 SCM 是目前仅有的两种能够估算处理组只包含一个个体情况下处理效应的方法，其他方法均要求处理组包含一个以上个体（Gardeazabal 和 Vega - Bayo，2017）。HCW 和 SCM 均为无理论基础（Measurement - without - theory）的估算方法，它们通过横截面单元之间的相关性来构建"反事实"，不需要复杂的经济模型。两种方法的主要区别如下：①HCW 通过普通最小二乘法（OLS）估计控制组个体的权重，但 SCM 是用协变量估计权重。②SCM 要求控制组中个体权重均为非负，且所有权重之和为 1。因此，不允许在处理组个体的协变量凸包之外进行外推。然而，Wan 等（2018）得出结论，SCM 凸包约束在很多情况下是不需要或不一定满足的。HCW 没有对权重进行任何限制，并且包含一个截距以考虑处理组个体和控制组个体之间的个体固定效应差异，这对于生成无偏的反事实预测至关重要，并且更具经济意义。③Wan 等（2018）的模拟实验也表明，就均方误差（Mean Square Error）而言，HCW 在很多情况下都优于 SCM。

我国学者在利用"反事实"框架分析方面仍处于初级阶段，主要还是运用传统计量经济学方法测算宏观经济效应，但是传统计量经济学方法有其自身的问题。首先，在构建合理模型方面存在较大困难，因为经济变量之间关系错综复杂，因此没有现成模型可以借鉴，构建模型工作繁重；其次，当传统模型将部分解释变量放到模型干扰项后会引入内生性和相关性等一系列问题；最后，传统计量经济模型一般会有各种假定和约束条件，而现实数据不一定能满足这些假定和约束。非传统计量经济模型目前应用较少，我们发现"反事实"方法在我国的应用中，HCW 方法为应用较多的方法之一。可能是因为该方法不仅可以克服传统计量方法在估算过程中遇到的困难，而且数据可获得性较强、测算过程简单明了，但是国内学者在应用过程中应该注重这种方法的前提假设，否则会导致结论偏误。

四、政府社保支出消费效应评价的文献综述

20世纪70年代以来，世界各国都在不断探索社会保障改革的方向和道路，迫切需要社会保障的理论指导及国际比较。但是由于国际通用统计标准缺乏统一性，至今各国社会保障统计资料无法对比，实证研究的结论也因此不具有可比性，特别是本书研究的财政社会保障口径，国外文献几乎不具有任何可比性，而且国内研究也有若干不同的口径。因此，本部分将综述较宽泛的研究财政社会保障支出对消费的影响的相关文献。

（一）基于消费效应力度的国外文献综述

国外关于社会保障对居民消费影响的研究一直在消费函数理论框架内进行。Modigliani 和 Brumberg（1954）提出了经典的生命周期假说，此后学者的研究都基本集中在生命周期模型的假设条件放宽之后的理论处理和实证讨论之上。但是无论是理论层面还是实证分析，至今在经济学界都没有形成一致的结论，主要有以下三种观点。

1. 社会保障对消费有显著的正影响

一方面，Hubbard 等（1995）从理论层面指出，社会保障体系显著影响当期消费，其作用机制在很大程度上归因于社会保障体系可以减少消费者面对的未来不确定性，从而减少人们的预防性储蓄。另一方面，大量国内外的经验研究也证实社会保障体系对居民当前消费有显著作用。Feldstein（1974）利用时间序列数据，基于 Ando 和 Modigliani（1963）的消费函数，引入扩展的生命周期模型，将退休时间作为内生变量来分析社会保障对储蓄的影响。分析结果显示，社会保障对储蓄有双重效应，即资产替代效应和退休效应。其1974年的研究结果认为社会保障财富对消费的影

响显著，社会保障制度可使私人储蓄减少 30% ~ 50% 。Engen 和 Gruber（2001）利用美国失业保险在各州的外生差异来考察失业保险与预防性储蓄的关系。他们认为，失业保险的保障程度每增加 10% 将显著减少家庭 1.4% ~5.6% 的金融资产。Fishback 和 Kantor（1996）通过分析美国工伤保险得出结论，工伤保险的实施将使工薪家庭的储蓄减少将近 25% 。对发展中国家也有类似的结论。对于我国台湾地区，Chou 等（2003，2004）利用台湾 1995 年推行的全民医疗保障体系，对比受此政策影响的家庭与未受此政策影响的家庭在消费趋势上的差异得出，全民医疗保障体系的实施使居民储蓄水平显著降低 8.6% ~ 13.7% 。Romer 和 Romer（2016）研究美国 1952 ~1991 年社会保障增加的经济效应。结果表明，消费对社会保障福利的永久性增加反应迅速，社会保障增加 1% 会使当月消费增加 1.2% ，这种效应会持续 5 个月，然后效应开始下降。

2. 社会保障对消费有显著的负影响

社会保障对消费有显著负效应的文献较少，主要包括以下几篇。Kotlikoff（1979）基于生命周期储蓄模型，通过部分均衡和总体均衡状态进行分析，认为退休效应只是部分抵消社会保障在资本存量上的替代效应，因此，社会保障支出是增加了私人储蓄，减少了个人消费。世界银行（1997）研究结论显示，社会保障金的筹措方式也会对社会保障和消费两者关系产生影响，完全积累的社会保障制度会对居民消费产生挤出作用，降低居民消费水平。Blake（2004）选取了近 50 年的时间序列数据，研究了英国的房产财富和养老保险金对居民消费与退休行为的影响，得出的结论是国家养老保险金的增加会刺激私人消费，而职业养老保险金和私人养老保险金的增加则会带来更多的私人储蓄。

3. 社会保障对消费无显著影响

Barro（1978）的代际转移支付理论批驳了生命周期模型，认为生命周期模型撕裂了各代人之间的联系，用储蓄作为中介变量，社会保障可能被个人代际转移支付补偿，从而抵消一部分挤出效应。若不同人的偏好、工作、岗位、税金及社会保障缴费率都相同，那么退休年龄就不会因为公共养老体系的引入而受影响。在这种情况下，若存在遗产动机，那么公共养老体系对个人储蓄不会产生挤出效应。Gruber（1997）基于美国收入动态面板调查（The Panel Study of Income Dynamics，PSID）数据估算失业期间失业保险对消费平滑的效应。结果表明：①如果没有失业保险，失业会使个体消费降低22%，这一比例是失业保险存在时消费降低幅度的3倍。②失业保险的1美元收益会导致个体远低于1美元的消费，这是因为失业保险对于其他形式的失业保险具有挤出效应，如储蓄。③对于完全预期的失业，失业保险平滑效应非常有限；失业的平滑效应不持久。Stephens（2005）研究认为，在标准的生命周期/持久收入假说框架下，提高实际的社会保障待遇能够提高实际的消费支出，但实证研究结果显示，当提前3个月宣布社会保障待遇要增加时，同时期的消费并没有因社会保障待遇的增加而有所变化（与流动性约束有关），与标准的生命周期/持久收入假说模型很难吻合。

（二）基于不同财政支出统计口径的国内文献综述

20世纪90年代开始，国内学者开始借鉴国外研究理论和各国实践经验分析中国社会保障制度并取得了一定的成绩，本部分主要分析近几年统计口径与本书完全一致或者相关的文献。

赵璐（2012）采用与本书完全一致的统计口径，利用1978～2011年国家统计局数据基于脉冲响应函数分别分析财政社会保障支出与居民消费支出水平、城镇居民消费支出水平和农村居民消费支出水平的关系。结果发现，无论长期还是短期，财政社会保障支出对以上三种消费支出水平都有明显的正向冲击，并且持续时间较长。但是该研究用的是基于国家层面的宏观总和数据，得出的结论不一定适合各不同区域。纪江明（2011）也采用同样的口径利用1995～2008年分省面板数据并基于面板数据模型分析了不同地区城镇社会保障财政支出水平对居民消费支出的影响。结果表明，这种影响效应和影响程度存在区域差异：①变量X_1（人均抚恤和社会福利财政支出水平）会显著影响东部地区和西部地区的居民人均消费支出，系数分别为 – 27.439 和 – 2.522，这说明 X_1 的增加会抑制居民消费支出；X_1 对中部地区居民消费没有影响。②变量 X_2（人均行政事业单位离退休经费财政支出水平）对东部、西部地区居民人均消费支出具有显著影响，系数分别为 14.82 和 4.729，说明 X_2 每增加 1 个单位分别促进东部和西部居民消费 14.82 和 4.729 个单位；X_2 对中部地区居民人均消费支出没有影响。③X_3（人均社会保障补助支出财政支出水平）仅对东部地区人均消费支出有显著影响，系数为 2.062；X_3 对中部、西部地区居民人均消费支出没有影响。这篇文章结论比较详细，而且与赵璐（2012）结论比较相似，即社会保障支出可以促进居民消费或者对居民消费无影响。刘新（2010）也基于同样的口径利用 1985～2008 年时间序列数据分析社会保障支出对消费的影响。协整检验表明，社会保障支出与居民消费之间存在长期稳定的均衡关系，但是呈现负相关关系；因果关系检验表明，社会保障支出对消费无 Granger 影响，即社会保障支出不但没有消除居民的不确定性预期促进消费，反而在某种程度上挤出居民消费。因此，上述作者利用相同的社会保障支出口径但不同的样本期得出不同的结论，可能的原因是样本区间、计算方法、数据类型等的不同会导致研究结果的不同。

王晓霞和孙华臣（2008）采用的统计口径是本书口径的子集，包括抚恤和社会福利救济费、社会保障补助支出，通过对我国 1993～2005 年社会保障支出和消费需求的实证分析认为：社会保障支出和消费需求之间存在单向因果关系，即社会保障支出的增加是影响消费需求变化的原因，而消费需求不能影响社会保障支出。从社会保障支出和消费需求的关系来看，两者呈负相关关系，而且社会保障支出每增加 1%，消费需求将减少 0.37%。这说明在我国现阶段，社会保障支出对消费需求具有负影响。

也有许多作者采用了比本书更加宽泛的口径。李晓嘉（2013）首先基于 1978～2011 年的时间序列数据，利用状态空间模型分析财政社保支出（包括社会保险、社会救助、社会福利和社会优抚）对我国城镇居民消费的总体影响。估算结果表明，1978 年至 20 世纪 90 年代初，财政社保支出对城镇居民消费的挤入作用较小，但相对稳定；20 世纪 90 年代中期至 21

世纪初，财政社保支出对城镇居民消费的挤入作用较小，但波动较大；21世纪初至2011年，财政社保支出对城镇居民消费产生了相对明显的挤入作用。然后作者基于1987～2011年的分省面板数据，利用动态面板模型分析了社保支出对城镇居民消费的区域效应。估算结果表明，城镇财政人均社保支出对东部地区的影响最小，中部次之，对西部地区具有较明显的挤入效应。洪轶男（2009）基于1995～2006年全国宏观数据分析社会保障（包括各类社会保险支出、社会福利支出、社会救济和社会优抚支出）对城镇居民储蓄的影响。结果表明，社会保障支出水平对全国城镇居民储蓄总额的影响系数为负，但是该系数统计上并不显著。随后作者对16个省份的具体情况进行了分析，发现有7个省份社会保障支出对储蓄影响为负，且不显著；有9个省份影响为正，但只有3个省份的社会保障支出数额对城镇居民储蓄总额影响显著，包括江苏省、浙江省和湖北省。因此，作者认为在宏观层面上，很难判定社会保障支出对储蓄的影响方向和程度。杨磊和赵琳华（2013）最大限度涵括社会保障的相关项目（包括国家财政用于抚恤和社会福利的支出，社会保障补助支出，全国离休、退休、退职人员保险福利费用，除养老金以外的社会保险基金支出，行政事业单位医疗支出），他们基于2000～2008年分省面板数据，利用面板固定效应模型分析了我国以及我国东部、中部和西部地区社会保障与城镇居民消费之间的关系。在全国、东部、中部、西部地区面板模型中，社会保障水平系数分别为负、正、负、正，但均没有通过显著性检验，因此说明当前社会保障水平并没有对居民消费产生显著影响。

（三）国内外文献述评

通过回顾我国学者以及西方经济学家对社会保障和消费两者关系的研究可以看出，这些研究都是基于不同的前提假设或从不同的侧面论证社会保障和居民消费的关联性，得出不同国家不同历史时期社会保障对居民消费具有不同作用的观点。国内外关于社会保障对居民消费的影响之所以尚无统一定论，可能有以下几个原因。

1. 模型界定、样本选择和方法选择不同

实证研究的模型必须有可靠的理论基础，但是关于消费的理论模型较多，如生命周期模型、世代交叠模型等，不同模型的前提条件并非一致，此时可能导致估算结论不一致甚至完全相反；不同的样本代表不同的时期，不同时期的社会保障处于不同的发展阶段，这可能导致不同的结论；即使同样的模型和样本，若用不同的计量方法，也会导致结果的不同，因为每一种方法都有一定的适用范围和前提条件，但实际情况是一部分研究者由于不了解计量模型方法具体的应用背景和适用条件，陷入一种滥用和错用的误区，一项实证研究从计量模型的设定开始，一直到模型的估计、检验、评价和解释，随意性和错误随处可见（王美今和林建浩，2012）。

2. 不同国家的社保体系差异

低保障发达国家的私人消费主要依赖其自身的劳动收入，社会保障的收入再分配作用有限，不足以刺激或抑制消费，对消费的影响也不确定，比如美国和日本的社会保障程度虽然都较低，但这两个国家的消费率却截然不同；高保障发达国家的社会保障对收入再分配有较大影响，比如以"福利国家"著称的北欧各国为居民提供的"从摇篮到坟墓"的社会保障计划极大地刺激了这些国家消费需求的增长，对经济发展起到了重要的作用；对于大多数发展中国家而言，社会保障体系还不健全，社会保障对消费的影响是正向的，比如国内大部分学者的研究认为社会保障对我国居民的消费有促进作用。

3. 筹资模式的差异

社会保障的筹资模式包括现收现付制、完全积累制和部分积累制，这三种制度运行机制不同，因此对于储蓄率和资本积累会产生不同的影响。但是已有研究并没有就以上筹资模式对消费的影响达成一致意见：生命周期模型认为社会筹资方式会对消费产生影响，Barro（1974，1989）认为有遗赠的条件下，利他主义导致的遗产会抵消现收现付制下的收入转移，社会保障的资产替代效应将被消除，现收现付对消费不构成影响。但代际遗赠的现象和利他主义动机并非普遍存在，因此，社会保障的筹资机制确实影响消费。另外，许多学者认为基金制具有强迫人们储蓄的功能，因此私人储蓄和资本积累会相应增加，但该观点同样遭到质疑。Davis（1998）通过研究 12 个 OECD 国家、智利及新加坡的养老金基金，并没有发现养老金基金对于个人储蓄影响的规律性。因此，基金制也未必会降低消费、提高储蓄率从而促进经济增长。

　　通过以上分析我们发现，只有把社会保障与居民消费放在具体的历史条件下进行分析才有意义，撇开社会保障所处阶段、筹资模式和国情等具体背景而讨论社会保障对居民消费的影响不具有普适性。

第三章

城镇居民社保选择的消费效应评价
——基于 CUHIES 数据和 PSM 方法的实证分析

一、城镇居民社保选择与消费水平

（一）城镇居民社保选择

我国社会保障体系的构建可以追溯到 1951 年 2 月中央人民政府政务院颁布《中华人民共和国劳动保险条例》，至今已有近 70 年的历史，跨越了计划经济和市场经济两个时期。发展到现在，社会保障制度大体经历了四个时期：创建时期（1951～1957 年）、调整和发展时期（1958～1966 年）、停滞时期（1967～1978 年）、重建和改革时期（1978 年以后）（王云昌等，2001）。

1978 年以前，我国社会保障制度是国家—单位保障模式，即国家和单位是社会保障的提供者和实施者。1978 年以后，虽然国家仍主导着社会保障制度的构建，但构成中国社会的各个组成部分（包括政府、企业、社团、个人）都必须共同分担社会保障责任。就社会保障总体发展而言，1978 年以后取得了长足进步。以 2001～2018 年为例，我国社会保障无论在参保人数还是基金支出额方面都取得了较大进步。如图 3－1 所示，五大保险参保人数一直呈现逐年递增趋势。养老保险和医疗保险参保人数显著高于其他险种，2018 年较 2001 年分别增加了 27719.11 万人和 24394.9 万人，增幅分别为 195.4% 和 334.8%。其中，医疗保险在 2006 年以后参保人数急剧上升，主要是因为我国于 2007 年启动了城镇居民医疗保险改革试点，2007 年参保人数达到 18020.3 万人，较 2006 年增长 14.55%，2018 年达到 31680.8 万人。对于工伤保险和生育保险而言，2018 年较 2001 年分别增加了 19529 万人和 16979.1 万人，增幅分别高达 449.4% 和 491.4%；失业保险参保人数增加比较平缓，2018 年较 2001 年仅增加 9288.9 万人，增幅仅为 89.7%。如图 3－2 所示，各种社会保险基金收入和支出 2001 年以后也呈现逐年递增趋势，基金收入和支出金额分别由 2001 年的 3101.9 亿元和 2748 亿元增加到 2018 年的 79254.7 亿元和 67792.6 亿元，年均增幅分别达到 21.1% 和 20.8%。此外，我国与社会保障相关的法律法规也在不断完善之中，比如 2010 年的《工伤保险条例》、2013 年的《城镇职工基本医疗保险条例》、2018 年的《劳动法（2018 修正）》、2018 年的《养老保险条例》等从不同角度对社会保障的实施做出了规定。全国人大常委会于 2010 年 10 月 28 日下午高票通过了《社会保险法》，这是最高国家立法机关首次就社保制度进行立法。该法首次提出基本养老保险要"逐步实行全国范围内的统筹"，标志着我国社会保障制度建设进入了一个更为深入的阶段，社会保障制度对宏观经济和微观个体都将发挥更大的作用并产生更为显著的影响。该保险法于 2018 年进行首次修改，此次仅修改了 3 个法条，意在解决国家机构调整与新政策的实施带来的与法律上的不适应。因此，到目前为止，我国已经建立起了包括养老、失业、医疗、工伤和生育保险在内的比较健全且完善的社会保障体系。

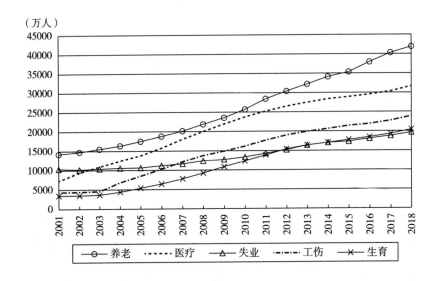

图 3 - 1　城镇居民各种保险参保人数

资料来源:《中国劳动统计年鉴（2019）》。

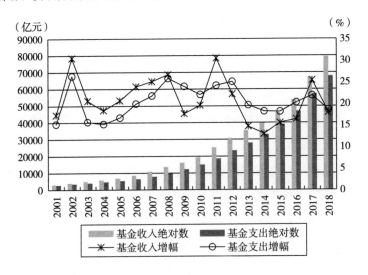

图 3 - 2　城镇居民各种保险基金收入和支出

资料来源:《中国劳动统计年鉴（2019）》。

　　社会保障的完备程度对居民的消费行为、未来收入预期乃至国家的整体经济运行有举足轻重的作用。首先，社会保障可以延期消费，即将目前取得的消费基金推迟到一定时期,比如退休后、失业后或生病后等时间段再使用,使得劳动者在某一时间段内的收入可以在更长时间段内更加均衡地使用。其次,社会保障制度对于国民财富的初次分配和再分配影响重大,不但直接影响企业的用工成本,而且也在全社会范围内对收入分配进行调节。2012 年中国社会科学院《社会保障绿皮书》指出,多省的调查显示,社会保障收入使全国居民收入差距下降了 4 个基尼点,其中使城镇居民收入差距下降了 7 个基尼点,使农村居民收入差距下降了 1 个基尼点。最后,社会保障可以减少居民未来收入的不确定性,提高收入预期,减少预防性储蓄,从而促进消费的增加。因此,社会保障对居民消费具有一定的促进作用,本书试图利用家庭调查数据基于 PSM 方法分析社会保障对家庭消费的作用。

(二) 城镇居民消费水平

就总量而言,整体居民消费支出、城镇居民消费支出和农村居民消费支出自改革开放以来不断攀升,由 1978 年的 1759.13 亿元、666.69 亿元和 1092.37 亿元分别增加到 2018 年的 277026.68 亿元、217089.89 亿元和 68382.07 亿元,城镇居民消费支出总量高于农村居民,如图 3 - 3 所示。主要原因可能有两个:①我国城镇化率速度较快,1990 年、2000 年和 2010 年分别为 26.44%、36.22% 和 49.68%,2018 年达到 59.58%,与世界平均水平大体相当,城镇化取得显著成效。城镇化率的提高意味着城镇居民数量的增加,不断增加的人口自然会带来消费总量的增加。②从消费支出来看,目前中国农村居民生活消费水平落后于城镇居民。如图 3 - 4 所示,1978 年以来城镇居民人均消费支出一直高于农村居民,且是农村居民人均消费支出的 2 ~ 4 倍,两者之间的差距呈现不断扩大的趋势。1984 年两者差距最小,城镇居民人均消费支出是农村的 2.1 倍,2004 年两者差距最大,前者为后者的 3.84 倍。2004 年以后两者差距逐渐缩小,2018 年前者是后者的 2.15 倍。在图 3 - 3 和图 3 - 4 中,居民消费支出、城镇居民消费支出、居民人均消费支出、城镇居民人均消费支出 4 个指标 2013 年数据有较大幅度下降，主要原因是为了使居民消费支出核算更符合实际，国家统计局对 2013 年居民消费支出资料来源和计算方法进行了较大修改。将原来居民消费支出核算主要使用住户调查资料，调整为以住户调查资料为基础，综合利用有关行政记录、货物和服务的生产和销售资料进行调整的方法进行计算。

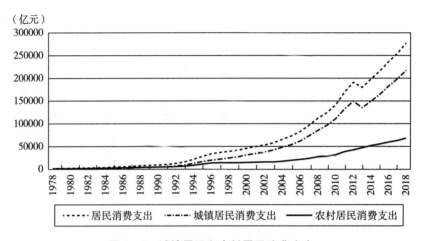

图 3 - 3　城镇居民和农村居民消费支出

资料来源：《中国统计年鉴（2019）》。

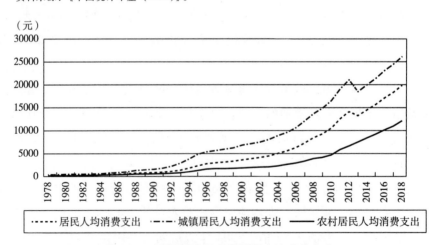

图 3 - 4　城镇居民和农村居民人均消费支出

资料来源：《中国统计年鉴（2019）》。

二、倾向得分匹配法

异质性和缺少"反事实"状态是微观数据的两个基本特征。由于存在不可观测或者未被观测到的异质性（如个人能力、观念、动机等），即使在所有可以被观测到的方面都相同的个体仍然可能做出不同的决策，获得不同的回报。缺少"反事实"状态会引发数据缺失问题，比如个体选择一种状况，我们就无法观测个体选择其他状况时的结果。因此，令 D 为二元变量，$D_i = 1$ 代表处理组，处理组中个体都购买医疗保险，$D_i = 0$ 代表控制组，控制组中的个体都不购买医疗保险。因为对于 $D_i = 1$，只能观测到其购买医疗保险后的结果 Y_{i1}，而对于 $D_i = 0$，只能观测到其不购买医疗保险状态下的结果 Y_{i0}，即不能同时观测到个体在购买保险和不购买保险两种状态下的结果，因此，可以将结果统一表示为

$$Y_i = D_i Y_{i1} + (1 - D_i) Y_{i0} \tag{3-1}$$

对该问题分析的理论基本框架首先由 Roy – Rubin 模型给出，该模型是匹配方法的基础。Roy – Rubin 模型认为对于个体 i 来说，不可能同时既接受政策处理又没有接受政策处理，如果这个个体接受了政策处理，那么他没有接受政策处理时的状态就不可能直接被观察到，只能通过"反事实"假设进行推测。因此，"反事实"状态的缺失使某个个体 i 的处理效应（$\tau_i = Y_{i1} - Y_{i0}$）无法直接进行观测，但是我们可以直接观测到处理措施在人群中的平均处理效应（Average Treatment Effect，ATE）。对于某一群体来说，所有成员都或是接受了处理（$D_i = 1$）或是没接受处理（$D_i = 0$），接受了处理的成员平均状态可记为 $E(Y_{i1})$，没有接受处理的成员平均状态可记为 $E(Y_{i0})$，如果这两组在接受处理前的状态相同（不存在系统性差异），那么之后形成的差异就是处理效应，可表示为：$\tau_{\text{ATE}} = E(Y_{i1} \mid X_i,$

$D_i = 1$）－ E （ $Y_{i0} \mid X_i$, $D_i = 0$ ）。而此时存在另外一个问题，如果个体不是被随机分配到处理组和控制组中的，即处理组和控制组中个体存在系统性偏差，则估算结果是否可信？比如，关于"医院能够让人更加健康吗"这个问题，实证方法往往是比较去过医院和没有去过医院的人在健康状况上的差异。但这种做法不妥之处在于去过医院的人很可能本身健康水平就较差，即使在医院接受过治疗，其健康水平也未必如不去医院人的健康状况，即去过医院的人如果不去医院健康状况将更差，但是医院未必能让其健康状况赶上不去医院的人。所以，在这种情况下直接用 $\tau_{\text{ATE}} = E$ （ $Y_{i1} \mid X_i$, $D_i = 1$ ）－ E （ $Y_{i0} \mid X_i$, $D_i = 0$ ）测算平均处理效应，可能会出现不正确的结果。用公式可以表示为：

$$\underbrace{E(Y_i \mid X_i, \ D_i = 1) - E(Y_i \mid X_i, \ D_i = 0)}_{\text{ATE}}$$

$$= E(Y_{i1} \mid X_i, \ D_i = 1) - E(Y_{i0} \mid X_i, \ D_i = 0)$$

$$= \underbrace{E(Y_{i1} \mid X_i, \ D_i = 1) - E(Y_{i0} \mid X_i, \ D_i = 1)}_{\text{参与者的平均政策效应,ATT}}$$

$$+ \underbrace{E(Y_{i0} \mid X_i, \ D_i = 1) - E(Y_{i0} \mid X_i, \ D_i = 0)}_{\text{选择性偏差}} \qquad (3-2)$$

即存在系统性偏差的情况下，平均处理效应 τ_{ATE} 实际由两部分组成，参与者平均政策效应（Average Treatment Effect on the Treated，ATT）和选择性偏差（Selection Bias）。ATT 是指那些受政策干预个体（比如去医院接受治疗的人）与假设他们没有参与该政策（比如没去医院接受治疗）时相比所获得效应的均值。系统性偏差是指接受政策干预的个体与不接受政策干预的个体如果都没有接受政策干预时结果变量的平均差异。例如，就教育而言如果上大学的人本来收入就高，那么这里的选择性偏差就为正，简单地计算 ATE 可能会夸大大学教育带来的教育回报。

式（3-2）中 ATT 实际上就是我们感兴趣的那些接受政策干预的个体因为政策干预而获得的平均因果效应。为了正确地计算 ATT，需要满足以下两个假设。

假设 1：条件独立假设

假设给定一系列不会受到政策影响的协变量 X，无论个体 i 实际是否接受政策处理，都可以假想出其"反事实"状态。比如，若个体 i 实际接受了处理（$D_i=1$），实际观测到的结果变量就是 Y_{i1}；但此时，我们也可以假想出个体 i 没接受政策处理（$D_i=0$）时的结果变量 Y_{i0}。所以，Y_i 和 D_i 是独立的，也就是说 D_i 为外生变量。这就是条件独立假设（Conditional Independent Assumption，CIA）。

该假设有时又被称为基于可观测变量的选择，因为协变量被假定为已知且可观测。

$$\{Y_{i0}，Y_{i1}\} \perp D_i \mid X \tag{3-3}$$

其中，符号"$\perp$"表示 $\{Y_{i0}，Y_{i1}\}$ 与 D_i 之间相互独立，"$\mid$"右边的随机变量是协变量集合，该符号表示给定 X 条件下 D_i 的结果。该假定的含义是控制了可观测变量后，个体被分配是一个随机过程，因此选择性偏差消失。

基于以上假定，CIA 解决了在 ATT 计算中 $E(Y_{i0} \mid X_i，D_i=1)$ 不能被直接观察到的问题，因为 Y_i 和 D_i 独立时，$E(Y_{i0} \mid X_i，D_i=1)$ 可以被 $E(Y_{i0} \mid X_i，D_i=0)$ 替换掉，则

$$\begin{aligned} \text{ATT} &= E[Y_{i1} \mid X_i，D_i=1] - E[Y_{i0} \mid X_i，D_i=1] \\ &= E[Y_{i1} \mid X_i，D_i=1] - E[Y_{i0} \mid X_i，D_i=0] \end{aligned} \tag{3-4}$$

假定 2：共同支撑假设

共同支撑（Common Support）假设要求处理组和控制组的协变量有重叠部分，即给定协变量 X，符合该特征的个体既有可能在处理组中，也有可能在控制组中，可以写作：

$$0 < \text{prob}(D_i=1 \mid X_i) < 1 \tag{3-5}$$

假设倾向得分 prob（$D_i=1 \mid X_i$）在 0 和 1 之间，即具有相同协变量 X 值的个体，具有参与和不参与某项政策的正向概率，即对于具有相同特征 X 的人，不能全部分配到处理组，必须有部分该特征的参与者不参与该项目实施，否则将会出现没有处理组或控制组的情况。共同支撑假设排除了在倾向得分尾部的个体，从而提高了匹配质量，但同时也会导致样本量减少。Heckman 等（1997）的研究结论表明非参数匹配方法仅仅在应用于共

同支撑域才是有意义的。故为了提高样本匹配质量，一定量样本的损失不可避免。

（一）PSM 及匹配方法

上文分析到 CIA 成立的条件下，E（Y_{i0} | X_i，$D_i = 1$）可以被 E（Y_{i0} | X_i，$D_i = 0$）替换掉，即利用控制组的期望结果替换掉处理组的潜在期望结果。该种替换的前提是控制组和处理组拥有相同的 X_i 值。最传统的匹配方法是精确匹配，该方法是依据可观测变量 X 的特征，在处理组参与者和控制组参与者之间进行的针对回归元的匹配。当可观测变量向量是离散的，而且样本包含的 X_i 在每个值上有众多观测值时，精确匹配是可行的。但是如果可观测变量具有高维数，那么在处理组和控制组之间进行精确匹配就变得不切实际，因此产生许多非精确匹配方法，它主要是通过将 X 映射到较低维度的、连续或离散的标量 $f(X)$ 上，根据该标量进行匹配。其中，Rosenbaum 和 Rubin（1983）发展出的倾向得分匹配法（Propensity Score Matching，PSM）的应用比较广泛，倾向得分（即个体接受干预的概率，在二元情况下可以使用 Probit 或 Logit 模型来计算倾向得分 PS）是所有协变量的一个函数，这样协变量中蕴含的信息就转移到 PS 中，从而成功降低维度。

Caliendo 和 Kopeinig（2008）总结 PSM 方法的程序为：①通过协变量的选择，利用 Probit 或者 Logit 模型测算倾向得分；②根据①测算的倾向得分结果，将政策参与者与得分相似的非政策参与者进行匹配，可利用最近邻匹配、Caliper 匹配和核匹配等方法进行匹配；③采用 Smith 和 Todd（2005）给出的基于密度分布的删除法（Trimming）检查由共同支撑引起的样本损失情况；④通过比较匹配前后的标准差、t 检测值和准 R^2 值来评估匹配的质量（陈玉萍等，2010）。下面介绍几种常用的非精确匹配方法。

1. 最近邻匹配

该方法也称为成对匹配，为 PSM 中最常见、最基本的方法，该方法将处理组和控制组倾向得分中最接近的个体进行匹配，当处理组个体全部匹配后，匹配结束。公式如下：

$$C(P_i) = \min_j \|P_i - P_j\|, \ j \in I_0 \tag{3-6}$$

其中，I_0 为非参与者集合，$C(P_i)$ 表示处理组中个体 i 的一个邻域，可以匹配个体 i 的控制组的个体 j 需满足 $j \in I_0$，且 $P_j \in C(P_i)$，所有满足条件的个体组成一个集合 A_i：

$$A_i = \{j \in I_0 \mid P_j \in C(P_i)\} \tag{3-7}$$

式（3-7）表示与 i 最接近的值为 P_j 的非参与者被选作匹配对象，其中 A_i 是一个单元素集合。

该种匹配方法可以分为重复匹配和不重复匹配两种。重复匹配指控制组的个体可以与处理组的个体多次匹配，而不重复匹配指控制组中个体只能与处理组中个体匹配一次。相比较而言，重复匹配有利于提高匹配质量。当控制组和处理组中的倾向得分分布相差甚远时，比如处理组中倾向得分较高的个体较多，而处理组中较少，如果控制组中个体只允许使用一次，我们将会得到较少的匹配样本，这可能导致结果有偏。而在重复匹配情况下，样本量增大，可提高测算结果并降低偏误。

由于这种方法简单，所以在实践中得到广泛应用，本章使用可重复最近邻匹配法进行匹配。

2. 卡尺匹配

卡尺（Caliper）匹配是由 Cochran 和 Rubin 于 1973 年提出的，它是近邻匹配的变种，目的是通过赋予 $\|P_i - P_j\|$ 一个最大可容忍值来尽量避免"坏"的匹配，比如对于第 i 个个体的匹配值要依据 $\|P_i - P_j\| < \varepsilon, \ j \in I_0$ 来选择，其中 ε 即事先确定的最大容忍值。如果对于个体 i 没有选出满足条件的匹配值，则该个体将会被剔除。卡尺匹配的一个缺点是很难事先确定一个合理的最大容忍值。

3. 分层匹配

分层匹配又被称为区间匹配，是基于 $\text{prob}(D_i = 1 \mid X_i)$ 值分别将处理组和控制组分为若干区间，对于处理组中每一区间的个体都匹配以最邻近区间的个体。对处理组和控制组中的样本求均值差进而求出各自的效应，再以每个区间内处理组的样本在总样本中的比重为权重，对每个区间的效应进行加权就可以得到总体的政策效应。

4. 核匹配

核匹配是一种非参数匹配方法，利用控制组中几乎全部样本的核加权来为处理组中的个体构建匹配值。对距离处理组中个体的倾向得分较近的控制组中个体赋较大权重，否则赋较小权重，这样处理组中的每一个个体都能找到匹配个体。核匹配因为包含了更多的信息，因此可以有效降低匹配结果的方差，不过 Caliendo 和 Kopeinig（2008）认为匹配过程中可能会用到匹配度较差的个体。但是如果倾向得分满足共同支撑假设，则该问题可以避免。

Heckman 等（1997，1998）给出的核匹配估计量为非参数核匹配估计量：

$$\hat{\alpha}_{KM} = \frac{1}{n_1} \sum_{i \in I_1} \left\{ Y_{1i} - \frac{\sum_{j \in I_0} Y_{0j} G\left(\frac{P_j - P_i}{a_n}\right)}{\sum_{k \in I_0} G\left(\frac{P_k - P_i}{a_n}\right)} \right\} \tag{3-8}$$

其中 G（·）表示核函数，a_n 表示带宽，权重函数 $W(i, j) = G\left(\frac{P_j - P_i}{a_n}\right) \Big/ \sum_{k \in I_0} G\left(\frac{P_k - P_i}{a_n}\right)$。邻域 $C(P_i)$ 取决于选定的核函数。例如，对于仅在（-1，1）区间内取非零值的核函数来说，邻域为 $C(P_i) = \{ | (P_i - P_j) / a_n | \leq 1 \}$，$j \in I_0$。在窗宽和核函数是标准的条件下，

$\dfrac{\sum_{j \in I_0} Y_{0j} G\left(\frac{P_j - P_i}{a_n}\right)}{\sum_{k \in I_0} G\left(\frac{P_k - P_i}{a_n}\right)}$ 是 $E(Y_0 | D = 1, P_i)$ 的一致估计量。

（二）PSM 方法的优缺点

1. PSM 方法的优点

（1）PSM 方法不要求对函数形式做任何假定。一般回归方法会假定变量满足一定的函数形式，线性或者非线性的，且一般情况下这种函数形式

无论对于经济理论还是对于数据而言都较难得到完全的支撑。而 PSM 方法由于是非参方法，可以避免函数形式设定误差给估计结果带来的偏误。然而，当某种函数形式确有经济理论和前期实证研究的支撑时，PSM 方法的优势将降低。

（2）PSM 方法可以避免"非共同支撑"和"非平行"偏差。"共同支撑"假设和"平行性"检验①使得处理组与控制组在除"是否参加医疗保险"以外的其他协变量特征上尽量保持一致，估计更加准确。当处理组和控制组的重叠部分较少时，PSM 方法虽然减少了样本量，但是可以保证匹配质量；在这种情况下，依赖函数假定的传统方法需要对共同支撑以外个体的匹配对象进行外推，会导致结论不稳健。

2. PSM 方法的缺点

PSM 方法相对于其他方法有四个明显的缺点。

（1）极强的前提假设。PSM 方法的应用必须满足条件独立假设和共同支撑假设，这两个假设合起来称为"强可忽略性"假设（Strong Ignorability）。一旦假设被违背，ATE 和 ATT 就会出现很大误差。例如，随机分配可以确保处理组和控制组个体在可观测特征和不可观测特征上都相似，从而 ATT 结果比较可信。但是 PSM 方法只考虑到可观测变量匹配，而没有考虑到不可观测变量的影响，这在一定程度上会影响 ATT 的可信度。Heckman 等（1997）通过假设检验表明当"强可忽略性"假设不满足时，不宜应用 PSM 方法对政策效应进行评估。刘凤芹和马慧（2009）认为 PSM 方法对"强可忽略性"假设是非常敏感的，即使轻度的违背此假设，PSM 方法的估计结果偏差也超过 50%。

（2）不能为所有的实验组个体找到对照组。PSM 方法仅能为处在共同支撑域上的个体找到合适的对照组，因此，PSM 只能估算满足"共同支撑"假设的样本，即只能估算在控制组中匹配成功的个体的 ATT，而非全

---

① 平行性检验要求匹配后处理组和控制组各协变量偏差（bias）在 5% 以下，或是 T 检验结果显示匹配后的处理组和控制组无显著差异。

部样本的 ATT。

（3）数据量要求极大。匹配法通常应用于横截面数据，为了保证条件独立假设的成立，需要收集尽可能多的协变量信息，以分离混杂因素。此外，还需要收集大量的个体数据，以便找到与处理组个体特征最接近的控制组，保证结果的准确性。

（4）结果的稳健性受到诸多挑战。PSM 方法计算得到的 ATE 或 ATT 的稳健性受到诸多因素的影响，如干预分配机制方程的误设、匹配算法的选择等。刘凤芹和马慧（2009）运用蒙特卡洛模拟实验研究了 PSM 方法的敏感性，模拟实验结果表明当共同支撑域较大时，PSM 方法对具体匹配方法的选择不敏感；当共同支撑域较小时，PSM 方法对具体匹配方法的选择极其敏感，局部线性回归匹配方法为最优。

（三）倾向得分测算

根据选定的模型计算每一个试验对象的倾向得分，值在 0 ~ 1 之间，表示试验对象被分配到实验组或对照组的概率。倾向得分测算一般采用 Probit 模型或者 Logit 模型。

1. Probit 模型

Probit 模型定义为：

$$Pr(y = 1 \mid x) = F(\boldsymbol{\beta}'x) = \Phi(\boldsymbol{\beta}'x) = \int_{-\infty}^{\boldsymbol{\beta}'x} \varphi(t) \, d_t = \int_{-\infty}^{\boldsymbol{\beta}'x} \frac{1}{\sqrt{2\pi}} e^{-\frac{t^2}{2}} d_t$$

$$(3-9)$$

其中，$\Phi(\cdot)$ 表示标准正态分布，即 Probit 模型使用的是标准正态分布，可通过中心极限定理加以判定。

2. Logit 模型

在某种程度上，由于形式上更加简单，许多研究会使用 Logit 模型。

Logit 模型定义为：

$$Pr(y = 1 \mid x) = F(\boldsymbol{\beta}'x) = \wedge(\boldsymbol{\beta}'x) = \frac{e^{\boldsymbol{\beta}'x}}{1 + e^{\boldsymbol{\beta}'x}} \qquad (3-10)$$

其中，∧（·）表示 logistic 累积分布函数。

3. Probit 模型与 Logit 模型区别

Logit 分布和正态分布的区别是 Logit 密度函数的尾部分布更加厚一些。标准正态分布的均值为 0，方差为 1；Logit 分布的均值为 0，但是方差为 $\pi^2/3$。无论用什么分布，关键必须注意在 Probit 模型和 Logit 模型中，对回归系数的解释比较困难。在经典线性模型中 X 的变化对 $E（Y）$ 的边际影响就是回归系数 β，而此处的 β 并不是边际影响。因此，我们引入边际效应的概念如下：

$$\frac{\partial E(y)}{\partial x} = \frac{\partial F(\boldsymbol{\beta}'\boldsymbol{x})}{\partial(\boldsymbol{\beta}'\boldsymbol{x})} \cdot \frac{\partial(\boldsymbol{\beta}'\boldsymbol{x})}{\partial x} = f(\boldsymbol{\beta}'\boldsymbol{x})\boldsymbol{\beta} \tag{3-11}$$

对于 Probit 模型，$f（\boldsymbol{\beta}'\boldsymbol{x}）= \varphi（\boldsymbol{\beta}'\boldsymbol{x}）= \frac{1}{\sqrt{2\pi}}e^{-\frac{(\boldsymbol{\beta}'\boldsymbol{x})^2}{2}}$，故边际效应 $f（\boldsymbol{\beta}'\boldsymbol{x}）\boldsymbol{\beta} = \varphi（\boldsymbol{\beta}'\boldsymbol{x}）\boldsymbol{\beta}$，平均边际效应为 $\varphi（\overline{\boldsymbol{\beta}'\boldsymbol{x}}）\boldsymbol{\beta}$。

对于 Logit 模型，$f(\boldsymbol{\beta}'\boldsymbol{x}) = \wedge(\boldsymbol{\beta}'\boldsymbol{x})[1 - \wedge(\boldsymbol{\beta}'\boldsymbol{x})]$，故边际效应 $f(\boldsymbol{\beta}'\boldsymbol{x})\boldsymbol{\beta} = \wedge(\boldsymbol{\beta}'\boldsymbol{x})[1 - \wedge(\boldsymbol{\beta}'\boldsymbol{x})]\boldsymbol{\beta}$，平均边际效应为 $\wedge(\overline{\boldsymbol{\beta}'\boldsymbol{x}})[1 - \wedge(\overline{\boldsymbol{\beta}'\boldsymbol{x}})]\boldsymbol{\beta}$。

三、城镇居民社保选择消费效应评价的实证分析

本节主要采用了 2009 年国家统计局 CUHIES 数据，包括《城镇居民家庭成员基本情况调查表》、《城镇居民家庭基本情况调查表》、《城镇居民家庭现金收支调查表》和《城镇居民家庭消费支出调查表》4 张调查表对应的调查数据。该样本来自北京、辽宁、浙江、广东、四川和陕西 6 省（市）。基于 PSM 方法利用该 6 省（市）的数据分析社会保障对居民人均家庭总支出和人均家庭消费性支出的影响。

首先去掉参加储蓄性保险的家庭和参加各种非储蓄性保险的家庭，剩下的家庭只参加养老保险、住房公积金、医疗保险、失业保险和其他社会

保障项目等，这样可以去除非社会保障项目对消费的影响。因为失业保险作用小，失业保险基金筹集面窄、来源单一，且失业救济金直接发放到失业者手中的比例虽逐年有所增加，但比例仍偏小，因此本章不包括失业保险。如果一个家庭参加以下三种保险中的两种（包括三种）即为参保家庭：①养老保险；②住房公积金；③医疗保险。本章以家庭为单位，经过数据整理最终整理出2911户完整有效数据，其中处理组（即参保家庭）有1348户，控制组（即非参保家庭）有1563户。

（一）变量选择及描述性统计

1. 被解释变量

（1）人均家庭总支出。《城镇居民家庭现金收支调查表》中，家庭总支出是指家庭除借贷支出以外的全部实际支出，包括消费性支出、财产性支出、转移性支出、社会保障支出和购房与建房支出。支出统计以实际购得的商品或服务的总价值填报，不论其付款方式是一次付清、分期付款还是赊购，只要商品或服务已被消费，就要按其总价值计量。如果采用分期付款或赊购形式，则要在借贷收入类相应的项目填入实付款与总的应付款的差额。

本章的被解释变量之一为人均家庭总支出，即上述家庭总支出除以家庭成员数量。人均家庭总支出描述性统计如表3-1所示。可以看出，平均而言，参加社会保障家庭的人均收入较未参保家庭人均收入高3212.9元。但是当样本数据中包括离群值时，均值就很容易受到离群值的影响，因此描述性统计中给出了中位数的值，两者之差为3372.6元，与均值相差

表3-1 人均家庭总支出描述性统计

组别	均值（元）	中位数（元）	标准差（元）	最小值（元）	最大值（元）	样本数（户）
控制组	15520.5	10405.6	56359.7	802.5	2059944	1563
处理组	18733.4	13778.2	22388.5	1037.2	474485.3	1348
总样本	17008.3	11939.7	44040.8	802.5	2059944	2911

不大。因此，可以初步推断社会保障对家庭消费具有正向影响。此外，从标准差、最大值和最小值来看，56359.7 元 > 22388.5 元，802.5 元 < 1037.2 元，2059944 元 > 474485.3 元，即处理组的消费支出值的范围较控制组而言更加集中，这说明很可能参加社会保障的家庭特征比较类似，即存在选择性偏差问题。

（2）人均家庭消费性支出。《城镇居民家庭现金收支调查表》中的消费性支出指调查户用于本家庭日常生活的全部支出，包括食品、衣着、居住、家庭设备用品及服务、医疗保健、交通和通信、娱乐教育文化服务、其他商品和服务等八大类。包括用于赠送的商品或服务的支出。

本章的另一解释变量为人均家庭消费性支出，即上述消费性支出除以家庭成员数。人均家庭消费性支出描述性统计如表 3-2 所示。参加医疗保险家庭平均而言人均消费性支出较控制组高出 2061.9 元，中位数高出 1250.1 元，两者出入较大，可能数据存在异常值，比如控制组中的最大值为 356379 元，而处理组中的最大值仅为 147612.8 元，前者较后者高 208766 元。总样本均值为 12347.5 元，与《中国统计年鉴（2010）》上统计的城镇居民人均消费性支出为 12265 元非常接近。从标准差、最大值和最小值来看，12178.4 元 > 12141.2 元，356379 元 > 147612.8 元，虽然 802.5 元 > 734.2 元，但超出幅度较小，依然可以说明处理组的人均家庭消费性支出比较集中。

表 3-2　人均家庭消费性支出描述性统计

组别	均值	中位数	标准差	最小值	最大值	样本数
控制组	11392.7	9208.6	12178.4	802.5	356379	1563
处理组	13454.6	10458.7	12141.2	734.2	147612.8	1348
总样本	12347.5	9748.9	12202.5	734.2	356379	2911

2. 解释变量

根据上文定义，一个家庭若参加以下三种保险中的两种即为参保家庭：①养老保险；②住房公积金；③医疗保险。控制组为没有参加任何保险的家庭。样本中处理组为 1348 户，控制组包括 1563 户，控制组样本稍多于处理组样本。且处理组中三种保险都参加的家庭为 482 户，占处理组总样本的 35.8%，这些家庭人均总支出和人均消费性支出分别为 20328.68 元和 14513.52 元，分别高于本章定义处理组家庭相应的 18733.45 元和 13454.59 元。

（1）人均家庭可支配收入。尽管影响消费需求的因素众多，但收入是决定消费支出最重要的因素。凯恩斯的绝对收入假说认为居民的消费取决于其同期的收入；杜森贝利的相对收入假说认为短期消费中，由于受经济周期波动的影响，消费与收入会偏离长期固定比例，但长期来看收入与消费会保持一个稳定关系；弗里德曼的持久收入假说认为，人们的消费不是取决于现期的收入，而是取决于持久收入；生命周期假说认为，消费是由一生的总资源在生命周期的各个阶段做出的最优分配。

本章采用家庭人均可支配收入指标来衡量收入，并将收入四等分。25 分位点（p25），50 分位点（p50）和 75 分位点（p75）对应的人均家庭可支配收入分别为 9040 元、14273 元和 22413 元。其中处于第一、二、三、四分位数的样本量分别为 728 个（处理组 298 户，控制组 430 户）、727 个（处理组 354 户，控制组 373 户）、729 个（处理组 334 户，控制组 395 户）和 727 个（处理组 362 户，控制组 365 户），分布比较均匀。如表 3-3 所示，本样本人均家庭可支配收入为 17426 元，与《中国统计年鉴（2010）》人均可支配收入 17174.7 元比较接近。且表中显示处理组的收入较高，这说明收入水平越高，居民对保费的支撑力越强，保险需求会随之增加。

表 3-3　人均家庭可支配收入描述性统计

组别	均值（元）	中位数（元）	标准差（元）	最小值（元）	最大值（元）	样本量（户）
控制组	16919	13830	13218	324.0	260000	1563
处理组	18014	14538	12807	−1696.1	117942	1348
总样本	17426	14273	13038	−1696.1	260000	2911

本章所列四个分位数的人均家庭总支出和人均家庭消费性支出的描述性统计如表 3－4 所示。人均家庭总支出从第一分位数到第四分位数其均值分别为 7084 元→10874 元→16837 元→33252 元，人均家庭消费性支出从第一分位数到第四分位数其均值分别为 5582 元→8924 元→13221 元→21670 元。可以看出，随着收入的增高消费不断上升，说明消费与收入之间的紧密联系。从人均家庭消费性支出占人均家庭总支出比例来看，从第一分位数到第四分位数分别为 78.8%→82.1%→78.5%→65.2%，基本上遵循由高到低的原则，即收入较高居民的人均家庭消费性支出占人均家庭总支出的比例较低，说明从第一分位数到第四分位数居民生活水平在不断提高。

表 3－4　不同等级收入对应的消费变量的描述性统计

收入等级及样本量	变量名称	均值	标准差	最小值	最大值
第一分位数（728）	人均家庭总支出	7084	11633	802.5	303622
	人均家庭消费性支出	5582	2512	734.2	28274
第二分位数（727）	人均家庭总支出	10874	6905	1359	139058
	人均家庭消费性支出	8924	4101	1359	55728
第三分位数（729）	人均家庭总支出	16837	12673	3698	169265
	人均家庭消费性支出	13221	8033	2662	145810
第四分位数（727）	人均家庭总支出	33252	83842	4250	2059944
	人均家庭消费性支出	21670	19067	3517	356379

（2）家庭是否有贷款。《城镇居民家庭现金收支调查表》第六项为"借贷支出"，其中贷款项包括归还住房贷款、归还汽车贷款、归还教育贷款和归还其他贷款，本章规定只要家庭有一项支出不等于 0 即为家庭有贷款。本章中有贷款家庭为 153 户，占总样本量的 5.26%。如表 3－5 所示，贷款家庭的人均可支配收入为 27105 元，而非贷款家庭为 16889 元，前者较后者高出约 60%，且户主更加年轻，处于东部发达地区的家庭较多，享受救济的家庭更少。因此贷款家庭无论是人均家庭总支出还是人均家庭消

费性支出均高于非贷款家庭，且对两类家庭两种消费而言，处理组均高于控制组。这说明贷款在一定程度上可以解除流动性约束，促进居民消费支出。

表3-5　贷款家庭和非贷款家庭特征

	组别	人均家庭总支出（元/人）	人均家庭消费性支出（元/人）	人均家庭可支配收入（元/人）	户主年龄（岁）	是否东部省份（%）	是否被救济（%）
非贷款家庭	控制组	15459	11319	16668	55.92	50.6	7.58
	处理组	17759	12972	17161	46.48	50.5	3.87
	总样本	16493	12062	16889	51.67	50.5	5.91
贷款家庭	控制组	17611	13878	25398	49.76	68.9	2.22
	处理组	29924	18994	27817	41.92	65.7	3.70
	总样本	26302	17489	27105	44.22	66.7	3.27

（3）家庭中老年人比例。老年人口抚养比是指某一人口中65岁及以上人口数量与劳动年龄（15~64岁）人口数量之比。老年人由于收入来源较少，主要包括离退休金、家庭其他成员供养、低保等，因此收入较低。样本中2009年65岁及以上、30~64岁和小于30岁样本年均收入分别为5701.1元、26750.9元和6295.6元，因此65岁及以上老年人月均收入仅475元。且由于中国老龄化进程较快，社会保障建设跟不上，因此老年人参保率较低，上述三组样本参保率分别为0.32%、50%和14.3%，其中年纪大于65岁以上的老人养老保险参与率仅为0.45%。

（4）户主相关变量。户主年龄及其平方项：不同年龄阶段的消费者因生理、心理及社会差异的存在，会产生各自特有的消费观。比如年轻人追求新颖、崇尚品牌且突出个性，而老年人追求方便实用、物美价廉，因此最终会导致不同的消费额。所以年龄会对消费产生一定的影响，且这种影响有可能是非线性的，因此本章加上年龄的平方项。就社会保障支出而言，样本中年龄小于等于30岁、30~40岁、40~50岁、50~65岁、大于等于 65 岁群体平均社会保障支出分别为 693.227 元、3218.163 元、3101.476 元、1479.428 元和 13.58 元。可以看出，社会保障支出随着年龄的增长呈现先上升后下降的趋势，因此可能与年龄为非线性关系。

户主教育水平：《城镇居民家庭成员基本情况调查表》将文化程度分为九种：①未上过学；②扫盲班；③小学；④初中；⑤高中；⑥中专；⑦大学专科；⑧大学本科；⑨研究生。本章将其分为四类：文盲（包括①）、初等教育（包括②和③）、中等教育（包括④、⑤和⑥）、高等教育（包括⑦、⑧和⑨）。受教育水平在一定程度上代表着个人能力的不同，而能力是影响收入的重要因素。如表 3-6 所示，随着户主教育水平的提高，人均家庭可支配收入不断增长，特别是若户主享受高等教育，其人均家庭可支配收入有显著增加。随着收入的增加，消费相应增加。

表 3-6　教育水平与家庭收入和消费的关系　　　　单位：元

教育水平	人均家庭总支出	人均家庭消费性支出	人均家庭可支配收入
文盲	8022	7405	11282
初等	12098	9733	14279
中等	14608	11059	15680
高等	25269	16778	23255

户主工作所在产业：《城镇居民家庭成员基本情况调查表》将国民经济行业分为 20 个门类。本章按照《中国统计年鉴》的划分标准，将 20 个门类分为 3 个产业，即第一产业、第二产业和第三产业。在我国不同产业之间收入差距巨大，农林牧渔等第一产业的行业工资收入水平较低，排在所有行业的后几位，最高工资往往出现在电信和其他信息传输服务业、计算机服务业、软件业、金融业、科研技术与服务业等现代生产者服务业和文体娱乐、卫生等现代生活服务业即第三产业中。样本中第一、二、三产业的人均总收入分别为 29427.6 元、30323.6 元和 31612.8 元。

户主是否在国有企业工作：被调查者当时的就业情况被分为国有经济

单位职工、城镇集体经济单位职工、其他经济类型单位职工、城镇个体或私营企业主和城镇个体或私营企业被雇者等 15 种情况。本章将国有经济单位职工和城镇集体经济单位职工归为一类，即户主在国有企业工作，其他情况皆被认为不在国有企业工作。之所以这样分类，是因为国有经济单位和城镇集体经济单位职工的社会保障比较完善，完善的社会保障会在更大程度上促进消费。样本中户主在国有企业就业的家庭参保率为 84.4%，户主不在国有企业就业的家庭参保率仅为 34.2%，且国有企业参保家庭其人均家庭总支出、人均家庭消费性支出和人均家庭可支配收入分别为 20924.9 元、14448.5 元和 19226.3 元，分别高于户主不在国有企业就业参保家庭的相应支出（分别为 17007.1 元、12671.6 元和 17059.5 元）。

（二）城镇居民社保选择人均家庭总支出效应评价的实证分析

人均家庭总支出取决于收入、投资、是否有贷款、参保与否等很多因素。社会保障作为影响因素之一，是通过减少居民未来收入的不确定性、提高收入预期、减少预防性储蓄来促进消费的。

本章将利用 PSM 方法基于国家统计局 2009 年 CHUIES 数据就社会保障对人均家庭总支出的处理效应进行分析。PSM 方法的第一步为通过协变量的选择，利用 Probit 或者 Logit 模型测算倾向得分，本章将基于 Logit 模型测算倾向得分。

1. Logit 回归及边际效应

经过逐步回归法测算 Logit 模型，如表 3 - 7 所示。

表 3 - 7　Logit 模型估计结果及边际效应

变量	Logit		边际效应	
	系数	标准差	系数	标准差
户主年龄	0.079 **	(0.032)	0.020 **	(0.008)
户主年龄平方	− 0.001 ***	(0.0003)	− 0.0002 ***	(0.0001)
家庭是否有贷款	0.525 **	(0.212)	0.131 **	(0.052)

续表

变量	Logit		边际效应	
	系数	标准差	系数	标准差
户主扫盲班或小学	-0.572	(0.609)	-0.135	(0.134)
初中、高中或中专	-0.0290	(0.592)	-0.007	(0.146)
大学及以上	0.470	(0.600)	0.116	(0.148)
户主第一产业工作	0.177	(0.454)	0.044	(0.113)
户主第二产业工作	0.578***	(0.161)	0.1434***	(0.039)
户主第三产业工作	0.583***	(0.134)	0.1429***	(0.033)
户主是否在国有企业工作	1.593***	(0.126)	0.376***	(0.026)
家庭中老年人比例	-0.016***	(0.003)	-0.004***	(0.0007)
人均家庭收入达 Q2	0.343***	(0.122)	0.085***	(0.030)
人均家庭收入达 Q3	0.165	(0.127)	0.041	(0.032)
人均家庭收入达 Q4	0.359***	(0.132)	0.089***	(0.033)
常数项	-2.533***	(0.909)		
LR chi2 (13)	952.92			
击中率	77.38%			
准 $R^2$①	0.2371			
N	2911			

注：括号内为 z 值；*、**、***分别表示在10%、5%和1%的显著水平下显著；最后三行分别表示 Logit 模型的似然比检验统计量、击中概率（即预测准确概率）和样本观测数。

（1）模型整体表现。模型的整体表现要从击中率、似然比检验和准R^2等来分析。①击中率。判断拟合优度的另一种方法是计算预测准确的百分比，即击中率。如果发生概率的预测值 $\hat{y} \geq 0.5$，则认为其预测 $y=1$；反之，则认为其预测 $y=0$。将预测值与实际值（样本数据）进行比较，就能

① 由于 Probit 模型为非线性模型，不存在平方和分解公式，因此无法计算 R^2，此时用准 R^2 来替代。"准"表示与线性回归模型中的 R^2 相区别，但是含义并无不同。它是由似然函数计算而来的，它的值越接近于1说明回归拟合得越好，但逻辑回归中的 R^2 并不会像线性模型中的 R^2 那么大，通常大于0.5就可认为拟合度良好。

计算准确预测的百分比。本模型的击中率达到 77.38%，表明构建的模型对于样本是否为参保家庭的预测效果较好。②似然比检验统计量（*LR*）。检查除常数项以外所有其他系数的显著性。*LR* chi2（14）= 952.92，对应的 Prob > chi2 = 0.0，故模型整体非常显著。③准 R^2（Pseudo R^2）。由于 Logit 模型为非线性模型，不存在平方和分解公式，故无法计算 R^2，此时可用"准 R^2"来替代，准 $R^2 \equiv$（$\ln L_0 - \ln L_1$）/$\ln L_0$。其中 $\ln L_1$ 为原模型的对数似然函数之最大值，而 $\ln L_0$ 为以常数项为唯一解释变量的对数似然函数之最大值。经过反复测算，表 3 - 7 代表的 Logit 模型其准 R^2 为 0.2371，为测算多种模型中较高者。

（2）系数分析。Logit 模型的回归结果并非边际效应。以 Logit 模型为例，记 $p \equiv P(y = 1 \mid \boldsymbol{x})$，则 $1 - p = P(y = 0 \mid \boldsymbol{x})$。由于 $p = \exp(\boldsymbol{\beta}'\boldsymbol{x})/[1 + \exp(\boldsymbol{\beta}'\boldsymbol{x})]$，$1 - p = 1/[1 + \exp(\boldsymbol{\beta}'\boldsymbol{x})]$，故：

$$\ln[p/(1-p)] = \boldsymbol{\beta}'\boldsymbol{x} \tag{3-12}$$

其中，$p/(1-p)$ 被称为概率比或相对风险。假设在一个是否参加医疗保险的随机试验中，$y = 1$ 代表参保，而 $y = 0$ 代表不参保。如果概率比为 2，则意味着参保的概率是不参保概率的 2 倍。可见，对于 Logit 模型，$\hat{\boldsymbol{\beta}}$ 表示解释变量 $\boldsymbol{x}$ 增加一单位将引起"对数概率比"的边际变化（陈强，2010）。

由以上分析可知，在两项选择模型中，回归系数的解释比较困难。因此需要引入边际效应的概念：

$$\frac{\partial E[y]}{\partial \boldsymbol{x}} = \frac{\partial F[\boldsymbol{\beta}'\boldsymbol{x}]}{\partial(\boldsymbol{\beta}'\boldsymbol{x})} \cdot \frac{\partial(\boldsymbol{\beta}'\boldsymbol{x})}{\partial \boldsymbol{x}} = f(\boldsymbol{\beta}'\boldsymbol{x})\boldsymbol{\beta} \tag{3-13}$$

在 Logit 模型中，根据其定义式如下：

$$Pr(y = 1 \mid \boldsymbol{x}) = F(\boldsymbol{\beta}'\boldsymbol{x}) = \wedge(\boldsymbol{\beta}'\boldsymbol{x}) = \frac{e^{\boldsymbol{\beta}'x}}{1 + e^{\boldsymbol{\beta}'x}}$$

可得：

$$f(\boldsymbol{\beta}'\boldsymbol{x}) = \partial \wedge(\boldsymbol{\beta}'\boldsymbol{x})/\partial(\boldsymbol{\beta}'\boldsymbol{x}) = \wedge(\boldsymbol{\beta}'\boldsymbol{x})[1 - \wedge(\boldsymbol{\beta}'\boldsymbol{x})] \tag{3-14}$$

将式（3-14）代入式（3-13）中可得 Logit 模型的边际效应：

$$f(\boldsymbol{\beta}'\boldsymbol{x})\boldsymbol{\beta} = \wedge(\boldsymbol{\beta}'\boldsymbol{x})[1 - \wedge(\boldsymbol{\beta}'\boldsymbol{x})]\boldsymbol{\beta} \tag{3-15}$$

Logit 模型的平均边际效应为：

$$\wedge(\boldsymbol{\beta'x})\,[\,1-\wedge(\boldsymbol{\beta'x})\,]\boldsymbol{\beta} \tag{3-16}$$

因此，对 Logit 模型估计结果应该以边际效应为标准进行解释。①年龄和年龄二次方。两者系数分别在 5% 和 1% 的显著水平下显著，且户主年龄平方系数为负。说明家庭参保和户主年龄的关系呈现先上升后下降的关系，即当户主年龄小于 50 岁时，家庭参保率处于上升趋势，50 岁之后家庭参保率处于下降趋势。②家庭是否有贷款。该变量系数在 5% 显著水平下显著，说明家中有贷款对居民参保有促进作用。我国贷款审核条件比较严格，银行放贷给居民说明居民经济条件较好，有偿还能力。正如前文分析，贷款家庭的人均可支配收入为 27105 元，而非贷款家庭为 16889 元，前者较后者高出约 60%，而较好的经济条件往往能够促进家庭参保率。③教育水平。与户主教育水平为"文盲"的基准组相比，户主教育为初等教育、中等教育和高等教育组的家庭参保率无明显差异。这说明我国社会保障在 2009 年的普及率已经非常广泛，虽然我国是低水平覆盖。因此，户主的教育水平只会影响家庭的收入而不会影响家庭参保率。④户主所在产业。与户主"无工作"的基准组相比，若户主在第一产业工作，则参保率与无工作组无明显区别。若户主在第二产业或者第三产业工作，则可以显著促进其家庭参保率。处于第一产业的样本主要是农村居民，第二产业和第三产业的样本主要是城镇居民，因此本估算结果证实了我国社会保障存在严重的二元分化现象，农村社会保障建设远远落后于城镇社会保障建设。⑤户主是否在国有企业工作。与"户主不在国有企业工作"的基准组相比，户主在国有企业工作可以显著促进家庭参保率的提高，主要是因为国有企业的社会保障体系更加完善，且样本中户主在国有企业工作较户主不在国有企业工作的家庭参保率高 50.2%。⑥家庭中老年人比例。该变量系数为负，且在 1% 显著水平下显著。因此，家中老年人比例越高，家庭参保率越低。这说明我国社会保障体系建设跟不上老龄化的发展。就养老保险而言，样本中年纪大于 65 岁的老人参加养老保险的概率仅为 0.5%。⑦家庭人均可支配收入：与家庭人均可支配收入处于第一分位数的基准组相比，家庭处于第二和第四分位数的家庭参保率均在 1% 的显著水平下显著升高，样本中家庭人均可支配收入处于第一、二、三、四分位数家庭的参保率分别为 40.9%、48.7%、45.6% 和 49.8%，与估算结果基本一致。

2. 共同支撑假设及平行性检验

PSM 方法的第二步为根据上述 Logit 模型测算的倾向得分结果，将参保家庭与得分相似的非参保家庭进行匹配，可利用半径匹配、核匹配和最近邻匹配等方法进行匹配。匹配的关键是满足共同支撑假设和平行性检验。首先，采用半径匹配，匹配半径为 0.0001。

（1）共同支撑假设。共同支撑假设保证了匹配的质量，如表 3 - 8 所示，满足共同支撑假设的处理组和控制组样本分别为 698 户和 731 户家庭，因此虽然总样本量为 2911 户，但是满足共同支撑假设的样本为 1429 户家庭（见表 3 - 8）。

表 3 - 8   共同支撑匹配结果   单位：户

组别	共同支撑		总样本
	未匹配成功样本	匹配成功样本	
控制组	832	731	1563
处理组	650	698	1348
总样本	1482	1429	2911

（2）平行性检验。平行性检验主要是为了在共同支撑的基础上保证匹配样本在各协变量上取值偏差尽可能小，从而提高匹配质量。匹配结果如表 3 - 9 所示。

表 3 - 9   平行性检验结果

变量		均值		偏差	偏差绝对值	t 检验	
		处理组	控制组	（%）	减少量（%）	t	$t > \mid p \mid$
户主年龄	匹配前	46.111	55.742	-77.5	97.1	-20.61	0.000
	匹配后	47.011	47.294	-2.3		-0.55	0.581

续表

变量		均值		偏差	偏差绝对值	t 检验	
		处理组	控制组	（%）	减少量（%）	t	t>|p|
户主年龄平方	匹配前	2232.2	3309.8	-81.7	97.9	-21.65	0.000
	匹配后	2303.3	2325.8	-1.7		-0.45	0.650
家庭是否有贷款	匹配前	0.08012	0.02879	22.8	98.8	6.23	0.000
	匹配后	0.01433	0.01492	-0.3		-0.09	0.926
户主教育为扫盲班或小学	匹配前	0.0408	0.15035	-37.9	97.4	-10.01	0.000
	匹配后	0.03868	0.03582	1.0		0.28	0.778
户主教育为初高中或中专	匹配前	0.59273	0.67882	-18.0	87.6	-4.84	0.000
	匹配后	0.76504	0.77575	-2.2		-0.48	0.635
户主教育为大学及以上	匹配前	0.3635	0.15867	47.9	95.2	13.03	0.000
	匹配后	0.19484	0.18495	2.3		0.47	0.638
户主从事第一产业工作	匹配前	0.01335	0.00704	6.3	77.3	1.71	0.087
	匹配后	0.00287	0.00143	1.4		0.58	0.564
户主从事第二产业工作	匹配前	0.16543	0.10109	19.0	98.5	5.15	0.000
	匹配后	0.16762	0.16664	0.3		0.05	0.961
户主从事第三产业工作	匹配前	0.65801	0.33589	68.0	97.4	18.30	0.000
	匹配后	0.61605	0.62426	-1.7		-0.32	0.752
家庭老年人比例	匹配前	4.2719	26.296	-74.7	98.0	-19.52	0.000
	匹配后	2.6289	3.0756	-1.5		-0.67	0.505
户主是否在国有企业工作	匹配前	0.44065	0.07038	93.7	98.8	25.78	0.000
	匹配后	0.27077	0.27507	-1.1		-0.18	0.857
人均家庭收入达 Q2	匹配前	0.26261	0.23864	5.5	53.3	1.49	0.136
	匹配后	0.29083	0.30203	-2.6		-0.46	0.647
人均家庭收入达 Q3	匹配前	0.24777	0.25272	-1.1	4.9	-0.31	0.759
	匹配后	0.23782	0.24252	-1.1		-0.21	0.837
人均家庭收入达 Q4	匹配前	0.26855	0.23353	8.1	41.0	2.18	0.030
	匹配后	0.2063	0.18565	4.8		0.97	0.331

首先，从表3-9中匹配后处理组样本与控制组样本基于匹配变量的

标准差来看，标准差绝对值均小于 5%，匹配变量均值的 t 检验表明均不能在 10% 的显著水平下拒绝处理组与控制组家庭无明显差异的假设，图 3-5 更加直观地表示匹配前后变量之间的偏差对比。

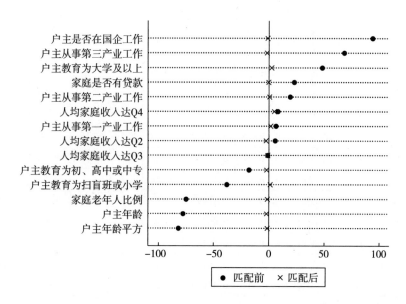

图 3-5　匹配前后协变量偏差示意图

其次，表 3-10 中检验整体显著性的 LR 检验结果显示，在匹配前 LR chi2 = 953.07，$p > $ chi2 = 0.000，说明完全可以根据协变量判断样本家庭是否为参保家庭，但是匹配后 LR chi2 = 4.17，$p > $ chi2 = 0.994。因此，匹配后已经无法根据协变量的特征区分是否样本为参保家庭。综上所述，匹配结果可以满足匹配平行性的要求，说明匹配效果较好，半径匹配的结果是可以信赖的。半径匹配估算的 ATT 为 1720.5 元，如表 3-11 所示。

表 3-10　偏差绝对值的分布

样本	准 R^2	LR chi2	$p > $ chi2	偏差均值	偏差中位数
原始样本	0.237	953.07	0.000	40.2	30.3
匹配成功样本	0.002	4.17	0.994	1.7	1.6

3. 社会保障对人均家庭总支出的处理效应

除半径匹配以外，本部分也利用核匹配和最近邻匹配方法估算了社会保障的人均家庭总支出的处理效应。表3-11报告了社会保障对人均总支出的ATT，其中标准差是根据自助法（重复500次）计算的结果。从核匹配结果来看，社会保障的效应为1785.9元，在5%显著水平下显著，即参加社会保障的家庭与假设他们没有参加社会保障时相比人均总支出多1785.9元。样本中人均家庭总支出为17008.3元，《中国统计年鉴（2010）》显示2009年城镇居民家庭平均每人总支出为17248.3元，两者比较接近。因此，核匹配结果显示社会保障的人均家庭总支出处理效应占样本人均总支出的10%左右。

表3-11 社会保障的人均家庭总支出处理效应

匹配方法	ATT	自助法标准差	z	p
核匹配	1785.9	(823.2)	2.17	0.030
最近邻匹配	1584.8	(453.2)	3.50	0.000
半径匹配	1720.5	(581.2)	2.96	0.003

此外，利用最近邻匹配法和半径匹配法对社会保障效应进行测算，结果与核匹配结果相似。最近邻匹配结果显示，在1%的显著水平下社会保障对人均家庭总支出的促进效应为1584.8元；半径匹配显示在1%的显著水平下社会保障对人均总支出的促进效应为1720.5元。表3-1显示处理组与控制组人均家庭总支出均值之差为3212.9元，而表3-11显示的社会保障对人均家庭总支出的平均影响为1697.1元（即核匹配、最近邻匹配和半径匹配对应ATT的均值）。这说明，如果我们直接用处理组与控制组对应的人均家庭总收入之差作为处理效应是有偏的，因为处理组家庭与控制组家庭存在系统性差异。

（三）城镇居民社保选择人均家庭消费性支出效应评价的实证分析

作为总支出的重要组成部分，消费性支出尤为引人关注。首先，从量上来讲，根据统计年鉴相关数据，2000~2018年人均家庭消费性支出占人均家庭总支出的比例一直在75%左右波动。可见消费性支出是总支出的最重要组成部分。其次，消费性支出是指用于食品、衣着、居住、家庭设备用品及服务、医疗保健、交通和通信、娱乐教育文化服务等方面的支出，消费性支出的多少代表着居民生活水平的高低。最后，消费性支出的提高可以拉动内需，提高经济增长速度。

本部分继续利用PSM方法计算社会保障关于人均家庭消费性支出的处理效应，结论如表3-12所示。核匹配和半径匹配结果都表明在1%的显著水平下，社会保障分别促进人均家庭消费性支出达1176.6元和1276.8元；最近邻匹配结果显示在5%的显著水平下社会保障对人均家庭消费性支出的效应为1039.5元。《中国统计年鉴（2010）》显示2009年城镇居民人均消费性支出为12264.6元，样本显示该值为12347.49元，两值相差较小。因此，社会保障对人均家庭消费性支出的促进作用约占城镇居民人均消费性支出的9.5%左右，且社会保障对人均家庭消费性支出的促进额是其对人均家庭总支出促进额的74%左右，与人均家庭消费性支出占人均家庭总支出的比例相符。

表3-12 社会保障的人均家庭消费性支出处理效应

匹配方法	ATT	自助法标准差	z	$p > |z|$
核匹配	1176.6	(44.7)	26.3	0.000
最近邻匹配	1039.5	(472.7)	2.2	0.028
半径匹配	1276.8	(110)	11.6	0.000

四、本章小结

社会保障作为保障和改善民生、促进经济发展的重要举措，在我国越来越得到重视。一方面，我国财政社会保障支出持续增长，从 2001 年的 1987.4 亿元快速增长到 2018 年的 27012.09 亿元，平均年名义增长率高达 17.6%。另一方面，居民参保人数持续上升，2001 年失业保险、城镇职工基本医疗保险、工伤保险、生育保险的参保人数分别为 10354.6 万人、7285.9 万人、4345.3 万人、3455.1 万人，2018 年分别增加到 19643.45 万人、31680.8 万人、23874.4 万人、20434.1 万人，分别增长了 89.7%、334.8%、449.4% 和 491.4%。发展如此迅猛的社会保障体系对经济社会的各方面会产生深远而有益的影响，本章主要分析社会保障对人均家庭总支出和人均家庭消费性支出的影响。

　　本章基于国家统计局《城镇居民家庭成员基本情况调查表》、《城镇居民家庭基本情况调查表》、《城镇居民家庭现金收支调查表》和《城镇居民家庭消费支出调查表》等 4 张调查表对应的 2009 年调查数据，利用 PSM 方法分析了社会保障对人均家庭总支出和人均家庭消费性支出的影响。本章中参保家庭为参加养老保险、住房公积金、医疗保险任意两种的家庭，非参保家庭不参加任何种类的保险。研究结果显示，就社会保障对人均家庭总支出的处理效应而言，核匹配、最近邻匹配和半径匹配估算出的处理效应分别为 1785.9 元、1584.8 元和 1720.5 元，即本样本中处理组成员比其没有参加社会保障时人均家庭总支出高 1697.1 元。就社会保障对人均家庭消费性支出的处理效应而言，核匹配、最近邻匹配和半径匹配估算出的处理效应分别为 1176.6 元、1039.5 元和 1276.8 元，即本样本中处理组成员比其没有参加社会保障时人均家庭消费性支出高 1164.3 元。

第四章

不同情形下城镇居民社保选择的
消费效应评价
——基于 CHIPS 数据和 PSM 方法的实证分析

本章采用的数据是被学术界称为 CHIPS（China Household Income Projects）数据库的 2007 年城镇家庭调查截面数据。该数据库被称为迄今中国收入分配与劳动力市场研究领域中最具权威性的基础性数据资料，是由国家统计局农调总队和中国社会科学院经济研究所共同开展的专门调查。本章分四种情形分析社会保障（包括 5 种项目即医疗、失业、养老、工伤、住房）对人均消费性支出的影响。具体情形分类标准如表 4-1 所示。

表 4-1　处理组与控制组情形分类

	处理组家庭参保种类	控制组家庭参保种类
情形 I	$N \geqslant 2$	$N \leqslant 1$
情形 II	$N \geqslant 2$	$N = 0$
情形 III	$N = 5$	$N = 0$
情形 IV	$N = 5$	$N \leqslant 4$

情形 I 和情形 II 对处理组的设置采用较为常规的标准，即若家庭参加任意两种（包括两种以上）社保项目即为参保家庭。之所以这样设置是出于以下考量：第一，从社会保障政策的制定和实施角度来看，各保障项目

的涵盖内容和受益人群有限。针对我国国情，我国社会保障制度体系尚不健全，各险种或保障项目的覆盖面和直接获益人群有限，并非所有的家庭均具备参加全部社会保障项目的能力。一般而言，相对于未参加或仅参加一种社会保障项目的家庭而言，参加两种或两种以上社会保障项目的家庭，已经具备基本的社会生存保障。第二，从参保人（家庭或所在企业）对社会保障项目的理解和参与程度来看，存在一定的功能性选择需求。尤其对无工作者和非国有企业工作者而言，参加何种类型的社会保障项目更加符合该家庭（或成员所在企业）的预期需求，是其主动（或被动）参加该项社保项目的根本依据。在资金能力有限的前提下，并非所有项目均符合该家庭的保障预期。因此，以参加任意两项社会保障项目作为划分边界，判断该家庭是否具有参保实质，合理有效。

情形Ⅲ和情形Ⅳ对处理组的设置较为严格，均定义参保种类齐全的家庭为"参保家庭"，主要出于以下几方面考量：第一，目标性考量，建立、健全更加完善的社会保障制度是我国社会保障的目标；第二，趋势性考量，随着社保政策的逐步落实，参保人数连年持续攀升，并且居民的参保种类逐步扩大，这也是符合我国当前国情的趋势所在；第三，研究性考量，通过设置上述两种不同严格程度的比较情形，以期从多种角度探寻参与社会保障的程度对城镇居民消费的影响。

一、常规分类标准下城镇居民社保选择消费效应评价的实证分析

（一）控制组参保种类小于处理组的情形（情形Ⅰ）

本情形认为，一个家庭参加上述五种保障中的任何两种即为处理组

（即参保家庭），而家庭只参加上述一种保险或者不参加上述任何保险为控制组（即非参保家庭）。本情形以家庭为单位，经过数据整理最终得到4202 户完整有效数据，其中处理组（即参保家庭）包括 3205 户，控制组（即非参保家庭）包括 997 户。

1. 变量选择及描述性统计

（1）被解释变量。本情形的被解释变量包括人均家庭消费性支出。消费性支出内容与上文《城镇居民家庭现金收支调查表》中的内容完全一致。被解释变量人均家庭消费性支出的描述性统计如表 4 - 2 所示，均值为 11299.2 元，中位数为 10000 元，《中国统计年鉴（2008）》给出的2007 年平均每人消费性支出为 9997.5 元，与本样本比较接近。平均而言，参加社会保障家庭的人均家庭消费性支出较未参保家庭人均家庭消费性支出高 1016.3 元。但是当样本数据中包括离群值时，均值就很容易受离群值的影响，因此描述性统计中给出了中位数的值，两者之差为 981.3 元，与均值有一定差距。可以初步推断社会保障对家庭消费具有正向影响。

表 4 - 2　人均家庭消费性支出的描述性统计（情形 I）

组别	均值（元）	中位数（元）	标准差（元）	最小值（元）	最大值（元）	样本量（户）
控制组	10515.6	9166.7	5350.6	2875	33763	867
处理组	11531.9	10148	5757.4	2166.7	34833.3	2920
总样本	11299.2	10000	5682.3	2166.7	34833.3	3787

（2）解释变量。

1）人均家庭收入及平方项：收入是决定消费支出的最重要因素，鉴于数据限制我们无法得到人均家庭可支配收入，因此，采用人均家庭收入代替，并加入收入平方项以反映边际收入倾向的递减或递增效应。如表 4 - 3所示，处理组的家庭人均总收入均值较控制组高出 5946 元，因此收入水平与保险需求基本呈正向相关关系，收入水平的高低影响保险需求量的大小，收入较高的居民对保费具有较强的支撑力，保险需求量增加，反之则减少。

表4-3 解释变量描述性统计（情形 I）

变量	组别	均值	中位数	标准差	最小值	最大值
人均家庭收入（元）	控制组	16076	14000	11046	750	90000
	处理组	22022	17112	21060	0	686862
	总样本	20611	16333	19328	0	686862
户主36~64岁	控制组	0.565	1	0.496	0	1
	处理组	0.735	1	0.441	0	1
	总样本	0.695	1	0.461	0	1
户主大于等于65岁	控制组	0.307	0	0.461	0	1
	处理组	0.0730	0	0.260	0	1
	总样本	0.129	0	0.335	0	1
户主性别（男性=1）	控制组	0.645	1	0.479	0	1
	处理组	0.640	1	0.480	0	1
	总样本	0.641	1	0.480	0	1
户主健康状况一般	控制组	0.366	0	0.482	0	1
	处理组	0.307	0	0.461	0	1
	总样本	0.321	0	0.467	0	1
户主健康状况不好	控制组	0.0870	0	0.282	0	1
	处理组	0.0420	0	0.200	0	1
	总样本	0.0530	0	0.223	0	1
户主是否已婚	控制组	0.863	1	0.344	0	1
	处理组	0.917	1	0.276	0	1
	总样本	0.904	1	0.294	0	1
家中老年人比例（%）	控制组	26.47	0	39.31	0	100
	处理组	5.647	0	16.96	0	100
	总样本	10.59	0	25.78	0	100
户主是否吸烟	控制组	0.300	0	0.458	0	1
	处理组	0.357	0	0.479	0	1
	总样本	0.343	0	0.475	0	1
户主是否接受过高等教育	控制组	0.156	0	0.363	0	1
	处理组	0.346	0	0.476	0	1
	总样本	0.301	0	0.459	0	1

2）户主年龄：本情形将户主年龄分为三个区间，分别是小于等于35岁，36~64岁，大于等于65岁，其中户主小于等于35岁为基准组。三组样本人均家庭消费性支出均值分别为12634.3元、11068元和10726.2元，因此本样本中人均家庭消费性支出随着户主年龄增加倾向于减少。描述性统计表明对于户主年龄在36~64岁之间的情况，处理组平均年龄偏大，而户主年龄大于等于65岁时，处理组年龄偏小。因此，样本中参保家庭户主主要为中年人。

3）户主自评健康状况：调查问卷中自评健康状况包括：①非常好；②好；③一般；④不好；⑤非常不好。将其分为三类：健康状况较好（包括①和②，基准组）、健康状况一般（包括③）、健康状况不好（包括④和⑤）。样本中以上三种情况的参保率分别为79.3%、72.9%和60.6%，因此样本中基本不存在"逆向选择"现象，主要是因为社会保障很大程度上并不是个人自愿参保，而是所在单位强制其参加的法律规定的各种保障项目。

4）户主性别：性别对消费者的消费方式、决策模式、商品特色和消费心理等方面都会产生较大影响。女性作为家庭用品的主要购买者，购买行为较男性而言更具主动性，而男性更加注重个人事业的发展，对家庭日常消费缺乏关心。国家统计局《2005年全国1%人口抽样调查主要数据公报》数据显示，我国女性有63319万人（占总人口的48.5%），中青年妇女为消费主力军，约占总人口的21%。女性消费群体不仅数量巨大，而且在消费中起着重要作用，不仅为自己的消费做决策，而且还承担起母亲、妻子、儿媳等多种角色，是家庭消费用品的主要购买者。样本中户主为女性的家庭人均家庭消费性支出均值和中位数分别为12626.8元和10300元，户主为男性的家庭分别为11938.2元和9766.7元，较女性户主家庭分别低688.6元和533.3元。表4-3显示，户主性别为男的家庭参保率为64%，因此，可以预期户主性别为男可以促进家庭参保率的提高。

5）户主是否已婚：调查问卷中婚姻状况包括：①未婚；②初婚；③再婚；④离异；⑤丧偶；⑥同居。本情形将婚姻状况分为已婚（包括②和③）和未婚（包括①、④、⑤和⑥）。之所以将婚姻状况作为解释变量，是因为结婚与否会影响家庭可支配的经济资源，而这会进一步影响人均家庭消费性支出。已婚与未婚户主家庭人均消费性支出中位数分别为10000元和9750元，参保率分别为77.4%和66%。因此，与未婚家庭相比较，已婚家庭具有较高的人均家庭消费性支出和参保率。

6）户主是否吸烟：户主是否吸烟会影响户主对未来健康的预期，而对未来健康预期悲观的个体往往选择能够提供各种保障的单位，因此会影响其参保率。表4-3显示，参保家庭的户主吸烟比例较平均值稍高，因此户主是否吸烟对是否参保具有一定的影响。

7）户主是否接受过高等教育：学历在一定程度上代表能力，不同能力的个体因其供职单位和职位的不同而获得不同的收入，这对是否参保和收入甚至消费都具有较大的影响。表4-3显示，处理组中户主接受过高等教育的家庭占34.6%，而控制组中此比例仅为15.6%。且样本中户主接受过高等教育的家庭人均家庭消费性支出较未接受过高等教育的家庭高出5095.9元。因此，学历对于参保率和家庭消费都具有较大影响。

2. 基于PSM方法的社会保障对人均家庭消费性支出的影响

（1）Logit回归及边际效应。经过逐步回归法测算Logit模型，如表4-4所示。模型的击中率达79.41%，表明构建的模型对于样本是否为参保家庭的预测效果较好；似然比检验统计量 $LR\ chi2\ (13) = 632.28$，对应的 Prob > chi2 = 0.0，故模型整体非常显著；经过反复测算，表4-4代表的Logit模型其准 R^2 为0.2373，为测算多种模型中较高者。故该模型整体表现较好。

表4-4 Logit 模型估计结果及边际效应（情形 Ⅰ）

变量	Logit		边际效应	
	系数	标准差	系数	标准差
户主36~64岁	0.258**	(0.116)	0.043**	(0.02)
户主大于等于65岁	0.463**	(0.223)	0.068**	(0.029)
户主性别（男性=1）	-0.323***	(0.099)	-0.051***	(0.015)
户主健康状况一般	-0.0180	(0.088)	-0.003	(0.014)

续表

变量	Logit		边际效应	
	系数	标准差	系数	标准差
户主健康状况不好	−0.240	(0.164)	−0.041	(0.030)
人均家庭收入	0.0000334***	(4.35e−06)	5.41e−06***	(0.000)
人均家庭收入^2	−4.47e−11***	(1.14e−11)	−7.25e−12***	(0.000)
户主是否已婚	0.266**	(0.133)	0.046*	(0.024)
家中老年人比例	−0.028***	(0.003)	−0.005***	(0.0004)
户主是否吸烟	0.315***	(0.097)	0.050***	(0.015)
户主是否接受过高等教育	0.827***	(0.108)	0.1216143***	(0.014)
常数项	0.398**	(0.174)		
LR chi2 (13)	632.28			
击中率	79.41%			
准 R^2	0.2373			
N	4202			

注：括号内为 z 值；*、**、*** 分别表示在 10%、5% 和 1% 的显著水平下显著，没有 * 号代表没有通过显著性检验；最后三行分别表示 Logit 模型的似然比检验统计量、击中概率（即预测准确概率）和样本观测数。

表 4−4 显示：①与户主年龄小于等于 35 岁的家庭相比，户主年龄为 36~64 岁和户主年龄大于等于 65 岁对应的家庭参保率较高。可能的原因是青年人一般身体健康状况较好且工作处于不稳定状态，加之我国社会保障体制不健全，流动性不畅，因此参保的意愿较低。而随着年龄的增长，工作趋于稳定，更加有利于参保。②女性户主一般考虑比较周到，包括参保状况，因此 Logit 结果显示女性户主家庭更有利于参保率的提高，与实际情况相符。③与健康状况较好的基准组相比，另外两组的参保率更低，但降低的幅度统计上并不显著，这与上述分析情况一致，健康状况最好的一组参保率较高，健康状况较差的一组参保率反而较低，基本不存在"逆向选择"问题。④关于收入的分析结果显示，收入与是否参保具有非线性关系，参保率随着收入的提高先上升后下降。这表明底层收入家庭成员所在工作单位一般较少提供社会保障，而当收入处于金字塔尖位置时，家庭成员对各种消费不再敏感，可能不倾向于购买保险。⑤除了婚姻状况会影

响家庭可支配经济资源以外，已婚家庭的家庭规模较大，按照参保家庭的界定已婚家庭一定会增加家庭参保率。Logit 回归表明，变量"户主是否已婚"的系数在10%的显著水平下显著，因此已婚家庭参保率确实较高。⑥我国在尚未实现现代化、经济尚不发达的情况下提前进入老龄化社会，属于"未富先老"。而我国现有的老年社会保障制度十分脆弱，面对逐渐升高的养老负担系数和医疗费用，并不能起到为老年人提供经济支持和物质帮助的作用。因此家中老年人比例应该与家庭参保率呈反比。Logit 回归也验证了这一推断，变量"家中老年人比例"的系数在1%的显著水平下显著为负。⑦是否吸烟影响个体对其未来身体状况的预期，样本中处理组吸烟比例为35.7%，控制组中吸烟比例为30%，表明户主吸烟的家庭参保率较高，与 Logit 回归结果一致，变量"户主是否吸烟"系数在1%的显著水平下显著为正。⑧与未接受高等教育的户主所在家庭相比，户主接受高等教育的家庭参保率更高，主要原因是户主的教育水平与供职单位和收入水平关系密切，而这都会对参保与否产生很大的影响。

（2）共同支撑假设及平行性检验。PSM 方法的第二步为根据上述 Logit 模型测算的倾向得分结果，将参保家庭与得分相似的非参保家庭进行匹配，本部分首先利用核匹配方法进行匹配。匹配的关键是满足共同支撑假设和平行性检验。

共同支撑假设保证了匹配的质量，如表4-5所示，满足共同支撑假设的处理组和控制组样本分别为3179户和993户家庭，因此虽然总样本量为4202户，但是满足共同支撑假设的样本为4172户家庭，占总样本的99.3%。

表4-5　共同支撑匹配结果（情形 I ）　　　　单位：户

组别	共同支撑		总样本
	未匹配成功样本	匹配成功样本	
控制组	4	993	997
处理组	26	3179	3205
总样本	30	4172	4202

为了保证在共同支撑的基础上使匹配样本在各协变量上取值偏差尽可能小，提高匹配质量，需进行平行性检验。图 4-1 非常直观地表示了匹配前后变量之间的偏差对比，基本每一个变量对应的偏差都可以控制在 5% 以内。表 4-6 中检验整体显著性的 *LR* 检验的结果显示，在匹配前 *LR* chi2 = 630.49，*p* > chi2 = 0.000，说明完全可以根据协变量判断样本家庭是否为参保家庭，但是匹配后 *LR* chi2 = 13.32，*p* > chi2 = 0.273，已经无法根据协变量的特征区分样本是否为参保家庭。如图 4-2 和图 4-3 所示，匹配前核密度函数差异较大，而匹配后两条曲线贴合比较紧密。综上所述，匹配结果满足匹配平行性的要求，说明匹配效果较好，核匹配的结果是可以信赖的。

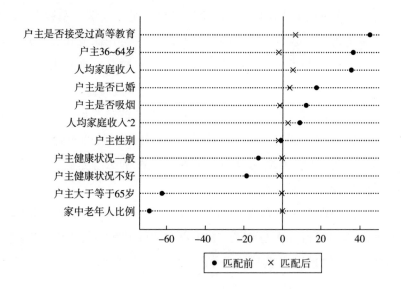

图 4-1 匹配前后协变量偏差示意图（情形 I）

表 4-6 偏差绝对值分布（情形 I）

样本	准R^2	*LR* chi2	*p* > chi2	偏差均值	偏差中位数
原始样本	0.137	630.49	0.000	28.9	18.6
匹配成功样本	0.002	13.32	0.273	2.4	2.1

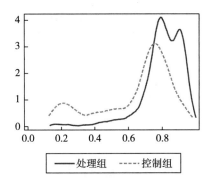

图 4 - 2　匹配前核密度函数（情形 I）

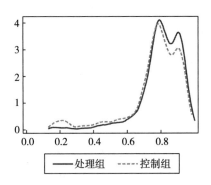

图 4 - 3　匹配后核密度函数（情形 I）

（3）社会保障对人均家庭消费性支出的处理效应。表 4 - 7 报告了社会保障对人均家庭消费性支出的处理效应，其中标准差是根据自助法（重复 500 次）计算的结果。从核匹配结果来看，处理组的个体比假如其不参加社会保障时人均家庭消费性支出将增加 969.0 元，且在 1% 显著水平下显著。样本中处理组人均家庭消费性支出均值为 11531.9 元，因此核匹配结果显示社会保障的效应占样本人均家庭消费性支出的 8.4%。

此外，还利用最近邻匹配和半径匹配方法对社会保障效应进行测算，结果与核匹配结果相似。最近邻匹配和半径匹配的结果显示，在 1% 的显著水平下社会保障对人均家庭消费性支出的促进效应分别为 831.1 元和 775.1 元。

表4-7 社会保障对人均家庭消费性支出的处理效应 (情形 I)

匹配方法	ATT	自助法标准差	z	p >	z	
核匹配	969.0	(212.9)	4.55	0.000
最近邻匹配	831.1	(212)	3.92	0.000
半径匹配	775.1	(87.9)	8.81	0.000

(二) 控制组不参加任何保障的情形 (情形 Ⅱ)

本情形认为，一个家庭参加五种保险（医疗、失业、养老、工伤、住房）中的任何两种即为处理组（即参保家庭），而家庭不参加上述任何一种保险为控制组（即非参保家庭）。本情形以家庭为单位，经过数据整理最终得到3652户完整有效数据，其中处理组（即参保家庭）包括3205户，控制组（即非参保家庭）包括447户。

1. 描述性统计

（1）被解释变量。本情形的被解释变量为人均家庭消费性支出，内容与上文《城镇居民家庭现金收支调查表》中的内容完全一致。被解释变量人均家庭消费性支出的描述性统计如表4-8所示，均值为12470元，中位数为10129元，《中国统计年鉴（2008）》给出的2007年平均每人消费性支出为9997.5元，与本样本比较接近；平均而言，参加社会保障家庭的人均家庭消费性支出较未参保家庭人均家庭消费性支出高2824元。但是当样本数据中包括离群值时，均值就会很容易受离群值的影响，因此描述性统计中给出了中位数的值，两者之差为1933元，与均值相差较大，但方向一致。因此，可以初步推断社会保障对家庭消费具有正向影响。

表4-8 人均家庭消费性支出的描述性统计 （情形 Ⅱ ）

组别	均值（元）	中位数（元）	标准差（元）	最小值（元）	最大值（元）	样本量（户）
控制组	9991	8400	6323	1474	50930	447
处理组	12815	10333	11712	1300	372500	3205
总样本	12470	10129	11231	1300	372500	3652

（2）主要解释变量。情形Ⅱ中大部分解释变量与情形Ⅰ相似，如表4-9所示。本情形主要介绍与情形Ⅰ差别较大的变量。

表4-9　解释变量描述性统计（情形Ⅱ）

变量	组别	均值	中位数	标准差	最小值	最大值
户主 36~64 岁	控制组	0.515	1	0.500	0	1
	处理组	0.735	1	0.441	0	1
	总样本	0.708	1	0.455	0	1
户主大于等于 65 岁	控制组	0.320	0	0.467	0	1
	处理组	0.073	0	0.260	0	1
	总样本	0.103	0	0.304	0	1
户主是否已婚	控制组	0.828	1	0.378	0	1
	处理组	0.917	1	0.276	0	1
	总样本	0.906	1	0.292	0	1
家中少年比例（%）	控制组	10.65	0	16.87	0	60
	处理组	13.30	0	16.13	0	50
	总样本	12.98	0	16.25	0	60
家中老年人比例（%）	控制组	27.93	0	40.21	0	100
	处理组	5.647	0	16.96	0	100
	总样本	8.374	0	22.44	0	100
人均家庭收入（元）	控制组	15814	14000	10737	750	90000
	处理组	22022	17112	21060	0	686862
	总样本	21262	16667	20185	0	686862
户主健康状况一般	控制组	0.349	0	0.477	0	1
	处理组	0.307	0	0.461	0	1
	总样本	0.312	0	0.463	0	1
户主健康状况不好	控制组	0.0850	0	0.279	0	1
	处理组	0.0418	0	0.200	0	1
	总样本	0.0471	0	0.212	0	1
户主初等教育	控制组	0.132	0	0.339	0	1
	处理组	0.0502	0	0.218	0	1
	总样本	0.0602	0	0.238	0	1

变量	组别	均值	中位数	标准差	最小值	最大值
户主中等教育	控制组	0.694	1	0.462	0	1
	处理组	0.595	1	0.491	0	1
	总样本	0.607	1	0.489	0	1
户主高等教育	控制组	0.143	0	0.351	0	1
	处理组	0.346	0	0.476	0	1
	总样本	0.321	0	0.467	0	1
家庭规模（人）	控制组	2.463	2	0.885	1	6
	处理组	3.008	3	0.839	1	8
	总样本	2.941	3	0.863	1	8
户主是否吸烟	控制组	0.253	0	0.435	0	1
	处理组	0.357	0	0.479	0	1
	总样本	0.344	0	0.475	0	1

1）家中少年比例：指年龄小于 16 岁成员占比。人口结构将影响一个国家或者地区的劳动力供给情况、社会抚养负担系数、工资水平等宏观经济变量。据跨期消费最优选择理论，这些变量都将对居民消费产生重要影响，但是关于我国人口结构对消费的影响至今没有定论。如表 4－10 所示无法看出家中少年比例与人均家庭消费性支出的关系。

表 4－10　家中少年比例与人均家庭消费性支出对应表（情形Ⅱ）

家中少年比例（％）	0	16.67	20	25	28.57	33.33	40	50	60
人均家庭消费性支出（元）	13120	8824	9667	10238	2857	12211	7346	10487	8150

2）户主教育水平：调查问卷中教育程度分为：①未上过学；②扫盲班；③小学；④初中；⑤高中；⑥中专；⑦大学专科；⑧大学本科；⑨研究生。本情形将户主教育水平分为文盲（包括①）、初等教育（包括②、

③）、中等教育（包括④、⑤、⑥）和高等教育（包括⑦、⑧、⑨），样本中户主接受这四类教育的家庭参保率分别为 66.7%、73.2%、86% 和 94.5%，人均家庭消费性支出分别为 7374.6 元、9532.2 元、11030.8 元和 15918 元。因此随着受教育水平的提高，其家庭参保率和人均家庭消费性支出都相应升高。究其原因，主要是教育水平在一定程度上决定个人就职单位的性质和收入。

3）家庭规模：样本中家庭规模均值为 2.941 人，与我国大多数家庭规模为 3 人的情况相符。处理组的家庭规模均值为 3.008 人，高于控制组 2.463 人。这说明，家庭规模的增加有利于提高家庭参保率，这与参保家庭的界定相符。

2. 基于 PSM 方法的社会保障对人均家庭消费性支出的影响

（1）Logit 回归及边际效应。经过逐步回归法测算 Logit 模型如表 4 - 11 所示。模型的击中率达到 88.88%，这表明构建的模型对于样本是否为参保家庭的预测效果较好；似然比检验统计量 LR chi2（13）= 554.73，对应的 Prob > chi2 = 0.0，故模型整体非常显著。经过反复测算，表 4 - 11 代表的 Logit 模型其准 R^2 为 0.2043，为测算多种模型中较高者。故该模型整体表现较好。

表 4 - 11　Logit 模型估计结果及边际效应（情形 Ⅱ）

变量	Logit		边际效应	
	系数	标准差	系数	标准差
户主 36 ~ 64 岁	0.415 **	(0.164)	0.032 **	(0.014)
户主大于等于 65 岁	0.0270	(0.348)	0.002	(0.025)
户主是否已婚	- 0.900 ***	(0.214)	- 0.048 ***	(0.008)
家中少年比例	- 0.019 ***	(0.0043)	- 0.001 ***	(0.0003)
家中老年人比例	- 0.019 ***	(0.004)	- 0.001 ***	(0.0003)
人均家庭收入	0.0000495 ***	(6.97e - 06)	3.55e - 06 ***	(0.000)
人均家庭收入^2	- 6.70e - 11 ***	(1.64e - 11)	- 4.81e - 12 ***	(0.000)
户主健康状况一般	0.118	(0.128)	0.008	(0.009)
户主健康状况不好	- 0.148	(0.228)	- 0.011	(0.018)

变量	Logit		边际效应	
	系数	标准差	系数	标准差
户主初等教育	0.086	（0.468）	0.006	（0.032）
户主中等教育	0.469	（0.446）	0.035	（0.035）
户主高等教育	1.468***	（0.468）	0.089***	（0.025）
家庭规模	2.629***	（0.235）	0.189***	（0.017）
户主是否吸烟	0.391***	（0.128）	0.027***	（0.008）
常数项	−1.244**	（0.504）		
LR chi2（13）	554.73			
击中率	88.88%			
准 R^2	0.2043			
N	3652			

注：括号内为 z 值；*、**、***分别表示在10%、5%和1%的显著水平下显著，没有*号代表没有通过显著性检验；最后三行分别表示 Logit 模型的似然比检验统计量、击中概率（即预测准确概率）和样本观测数。

表4–11显示：①与户主年龄小于等于35岁的基准组家庭相比，户主年龄介于36~64岁的家庭参保率较高，户主年龄大于等于65岁的家庭参保率变化不大。主要原因可能是年轻人工作较不稳定，不易获得社会保障，而我国老年人的社会保障体制不健全。且该结论与样本特征相符，样本中户主年龄介于36~64岁家庭的参保率为91.1%，为三组家庭中最高者。②Logit回归结果显示，未婚家庭会促进家庭参保率的提高，可能的原因是已婚家庭相对有较稳定的经济来源，这会降低购买社会保障的边际效用，而未婚家庭由于缺少家庭给予的保障，为了减少未来预期收入的不确定性，户主在选择工作或者购买保险时倾向于更加完善的保险组合。③变量"家中少年比例"和"家中老年人比例"都在1%的显著水平下阻碍家庭参保率的提高，主要是因为儿童和老年人都没有固定的工作单位，无法获得工作单位提供的社会保障，且我国儿童社保和老年人社保都不健全，也不能像其他国家一样跟随家庭参保成员享受相应的社会保障。④家庭参

保率随着人均家庭收入呈现先提高后下降的趋势。是因为低收入家庭一般从事的工作缺少稳定性，不利于社会保障的获得，而收入的提高意味着工作单位性质的变化和单位提供社会保障完备性的提高，因此参保率首先呈现不断提高的趋势。随着收入继续提高，社会保障对家庭的边际效应逐渐降低，是否提供完善的社会保障并不是家庭成员工作时考虑的重点，这可能会导致家庭参保率的降低。⑤与基准组"健康状况较好"相比较，"户主健康状况一般"和"户主健康状况不好"的家庭参保率并没有统计学意义上的显著变化。样本中户主身体状况较好、一般、不好三组家庭的参保率分别为89.2%、86.3%和77.9%，因此基本不存在"逆向选择"现象。⑥与基准组"户主教育水平文盲"家庭相比，"户主初等教育"和"户主中等教育"家庭的参保率不存在显著变化，而"户主高等教育"家庭在1%的显著水平下可以促进家庭参保率的提高。主要原因是接受高等教育的家庭所在单位更有可能提供完备的社会保障体系，而其他三组家庭相比较而言从事的工作不稳定性更高，收入相对较低，因此较难获得社会保障。⑦变量"家庭规模"在1%的显著水平下可促进家庭参保率的提高，这跟处理组的定义有关，定义家庭参加两种及以上保险为参保家庭，因此家庭规模的扩大可以增加家庭的参保种类从而提高家庭参保率。且该结果与样本特征相符，样本中家庭规模为1~8个成员的参保率分别为63.5%、74.5%、93%、90.6%、95.5%、93.6%、100%、100%，基本上呈现了家庭参保率随着家庭规模的扩大而不断上升的规律。⑧是否吸烟影响个体对其未来身体状况的预期，样本中户主吸烟的家庭参保率为91%，户主不吸烟的家庭参保率为86.1%，表明户主吸烟的家庭参保率较高，与Logit回归结果一致，变量"户主是否吸烟"系数在1%的显著水平下显著为正。

（2）共同支撑假设及平行性检验。PSM方法的第二步为根据上述Logit模型测算的倾向得分结果，将参保家庭与得分相似的非参保家庭进行匹配，首先利用核匹配方法进行匹配。匹配的关键是满足共同支撑假设和平行性检验。

共同支撑假设保证了匹配的质量，如表4－12所示。满足共同支撑假设的处理组和控制组样本分别为2719户和361户家庭，因此虽然总样本量为3652户，但是满足共同支撑假设的样本为3080户家庭，占总样本的84.34%。

表4－12　共同支撑匹配结果（情形Ⅱ）　　　　单位：户

组别	共同支撑		总样本
	未匹配成功样本	匹配成功样本	
控制组	86	361	447
处理组	486	2719	3205
总样本	572	3080	3652

为了在共同支撑的基础上保证匹配样本在各协变量上取值偏差尽可能小，提高匹配质量，进行了平行性检验。图4－4非常直观地表示匹配

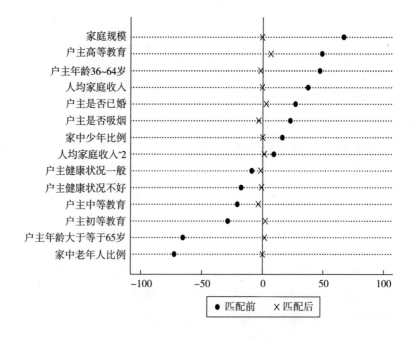

图4－4　匹配前后协变量偏差示意图（情形Ⅱ）

前后变量之间的偏差对比，基本每一个变量对应的偏差都控制在5%以内。如图4-5和4-6所示，匹配前核密度函数差异较大，而匹配后两条曲线贴合比较紧密。综上所述，匹配结果满足匹配平行性的要求，说明匹配效果较好，核匹配的结果是可以信赖的。

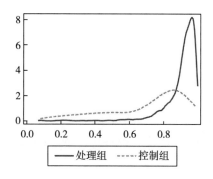

图4-5　匹配前核密度函数（情形Ⅱ）

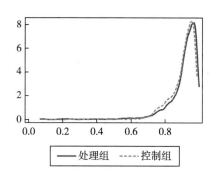

图4-6　匹配后核密度函数（情形Ⅱ）

（3）社会保障对人均家庭消费性支出的处理效应。表4-13报告了社会保障对人均家庭消费性支出的处理效应，其中标准差是根据自助法（重复500次）计算的结果。从核匹配来看，处理组的个体比假如其不参加社会保障时人均家庭消费性支出增加1003.1元，且在1%显著水平下显著。样本中处理组人均家庭消费性支出均值为12815.2元，因此核匹配结果显示社会保障的效应占样本人均消费性支出的 7.83% 左右。

表 4 - 13　社会保障对人均家庭消费性支出的处理效应（情形 Ⅱ）

匹配方法	ATT	自助法标准差	z	$p > \mid z \mid$
核匹配	1003.1	(311.6)	3.22	0.001
最近邻匹配	996.3	(91.8)	10.85	0.000
半径匹配	984.5	(259.3)	3.80	0.000

此外，还利用最近邻匹配和半径匹配方法对社会保障效应进行测算，结果与核匹配结果相似。最近邻匹配和半径匹配的结论显示，在 1% 的显著水平下社会保障对人均家庭消费性支出的促进效应分别为 996.3 元和 984.5 元。

二、基于社保目标的城镇居民社保选择消费效应评价的实证分析

针对不同分组，在实证之前先对被解释变量及解释变量进行描述性统计分析，其结果分别如表 4 - 14、表 4 - 15 所示。从因变量的描述性统计分析可以看出，参加全部 5 种类型社会保障的家庭为 1557 户、未参加任何社会保障的家庭为 447 户、参保种类不齐全的家庭为 2649 户。由此可见，多数家庭选择参加一项或一项以上的社会保障项目。综合上述情形 Ⅰ 和情形 Ⅱ 来看，社会保障的参加程度与家庭人均收入有着较大关联。其中，人均家庭年收入的最小值 1474 元/人出现在未参加任何社会保障的家庭数据中，而最大值 372500 元/人则出现在参加全部 5 种类型社会保障的家庭中。与此同时，从该项数据的均值和标准差也可粗略得出，我国现阶

段参加社会保障的程度与人均家庭年收入总体上呈现明显正相关关系。

表4-14　人均家庭消费性支出描述性统计（情形Ⅲ和情形Ⅳ）

	参保情形	均值（元）	标准差（元）	最小值（元）	最大值（元）	样本量（户）
情形Ⅲ	控制组	9991.166	6322.650	1474	50930	447
	处理组	13960.956	13801.481	1740	372500	1557
	总样本	13075.479	12633.523	1474	372500	2004
情形Ⅳ	控制组	11136.150	8476.085	1300	159501	2649
	处理组	13960.956	13801.481	1740	372500	1557
	总样本	12181.852	10843.785	1300	372500	4206

表4-15　解释变量描述性统计（情形Ⅲ和情形Ⅳ）

变量	情形Ⅲ				情形Ⅳ			
	处理组		控制组		处理组		控制组	
	均值	标准差	均值	标准差	均值	标准差	均值	标准差
36~64岁	0.741	0.438	0.515	0.500	0.741	0.438	0.667	0.471
≥65岁	0.047	0.211	0.320	0.467	0.047	0.211	0.156	0.362
初等教育	0.031	0.175	0.132	0.339	0.031	0.175	0.090	0.286
中等教育	0.557	0.497	0.694	0.462	0.557	0.497	0.654	0.476
高等教育	0.406	0.491	0.143	0.351	0.406	0.491	0.240	0.427
一般	0.302	0.459	0.349	0.477	0.302	0.459	0.333	0.471
不好	0.028	0.166	0.085	0.279	0.028	0.166	0.067	0.250
欠佳者比例（%）	26.586	35.861	41.465	43.106	26.586	35.861	36.017	40.690
少儿抚养比（%）	13.373	15.923	10.649	16.871	13.373	15.923	12.113	16.408
老年抚养比（%）	3.280	10.940	27.927	40.206	3.280	10.940	14.960	30.657
家庭人均收入（元）	24631	24257	15814	10737	24631	24257	18251	15231

　　有关解释变量的描述性统计分析，可以通过对每一解释变量的均值、标准差、极值、偏度、峰度等指标予以衡量，能够清晰地反映样本数据的多重统计信息。以"户主年龄"为例，若采用年龄分档对此进行表征，可

将其分为18～35岁、36～64岁、65岁及以上三组。在情形Ⅲ中，处理组和控制组的三组年龄均值分别表现为0.212、0.741、0.047和0.165、0.515、0.32，即参加全部社会保障的家庭较未参加任何社会保障的家庭在年龄分布上具有明显优势，前者主要集中于64岁以下，且36～64岁占绝大多数，而后者则表现出老龄化的特征。这也说明，在我国社会保障体系尚不健全的情况下，处于在职年龄（尤其是处于36～64岁之间的事业稳定阶段）的城镇居民对社会保障的参与程度较高。情形Ⅲ中其他解释变量及情形Ⅳ中解释变量的分析与此类似，此处不再详述。

（一）城镇居民社保选择消费效应评价的实证分析

以情形Ⅲ为例，首先，对选定的解释变量进行 Logit 回归分析，其综合结果如表4-16所示。

表4-16　Logit 模型估计结果及边际效应（情形Ⅲ）

变量名称	Logit 回归系数	标准差	边际效应	标准差
户主年龄在36～64岁之间	0.779 ***	(0.184)	0.112 ***	(0.029)
户主年龄大于等于65岁	1.523 ***	(0.396)	0.131 ***	(0.022)
户主健康状况一般	1.285 ***	(0.276)	0.143 ***	(0.027)
户主健康状况不好	0.826 **	(0.370)	0.082 ***	(0.027)
人均家庭收入	0.0000412 ***	(0.000)	$5.34e-06$ ***	(0.000)
老年抚养比	-0.048 ***	(0.005)	-0.006 ***	(0.001)
少儿抚养比	-0.009 *	(0.005)	-0.001 *	(0.001)
家中自感身体状况欠佳者比例	-0.019 ***	(0.003)	-0.002 ***	(0.000)
东部地区	0.436 ***	(0.165)	0.058 ***	(0.022)
西部地区	-0.494 ***	(0.177)	-0.071 **	(0.028)
初等教育	-0.333	(0.580)	-0.048	(0.091)
中等教育	0.463	(0.547)	0.062	(0.075)
高等教育	1.845 ***	(0.569)	0.204 ***	(0.056)
成年人幸福比例	-0.005 **	(0.002)	-0.001 **	(0.000)
常数	-0.028	(0.593)		

变量名称	Logit 回归系数	标准差	边际效应	标准差
LR chi2（13）	593.52			
击中率	83.63%			
准 R^2	0.2789			
N	2004			

注：括号内为 *z* 值；＊、＊＊、＊＊＊分别表示在 10%、5% 和 1% 的显著水平下显著，没有 ＊ 号代表没有通过显著性检验；最后三行分别表示 Logit 模型的似然比检验统计量、击中概率（即预测准确概率）和样本观测数。

模型的击中率达到 83.63%，表明该模型对样本是否参保的预测效果较好；似然比检验统计量 *LR* chi2（13）＝593.52，对应的 Prob > chi2 = 0.0，故模型整体非常显著；并且测算出的准 R^2 为 0.2789，为测算多种模型中较高者，故该模型整体表现较好。以上这些检验初步保证了在该种情形下模型预测的可行性。

其次，针对两个假设展开检验。如表 4－17 所示为共同支撑假设检验。通过该表可以看出，处理组和控制组分别有 34 户和 18 户家庭未能找到相应的匹配对象，其在样本中的占比分别为 4.03% 和 2.18%，故可判定共同支撑假设满足。

表 4－17　共同支撑匹配结果（情形Ⅲ）　　　　　　单位：户

组别	共同支撑		总样本
	未匹配成功样本	匹配成功样本	
控制组	18	429	447
处理组	34	1523	1557
总样本	52	1952	2004

随后，进行平行性检验，通过上文在 PSM 方法介绍中提到的两项常用判别准则，进行匹配前后协变量的偏差比较。可以看出，协变量在匹配之

后的偏离程度均明显减小，且在数值上满足假设要求，平行性检验通过，如图 4-7 所示。

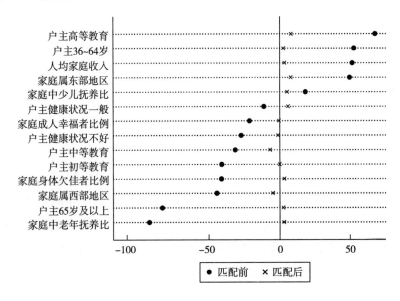

图4-7 匹配前后协变量偏差示意图（情形Ⅲ）

下一步，利用 Bootstrap 抽样，进行三种方式的匹配。匹配后的核密度函数图如图 4-8 所示，其中图 4-8（a）为匹配前的核函数密度图（三种匹配方法匹配前的图像一致），其余三幅分别为经过核匹配、半径匹配以及最近邻匹配之后形成的核密度函数图。图中的黑色实线表示处理组，灰色虚线表示控制组；横轴表示倾向得分（PS 值），纵轴表示密度（同一 PS 值处分布的集中程度）。通过比较可以明显看出：匹配后处理组与控制组之间的拟合程度较好，即两组样本除去干预因素外具有大致相同的属性特征，所选协变量具有较好的表征特性。

最后，运用三种匹配方法，得到处理效应，如表 4-18 所示。通过三种匹配方法计算得出的 ATT 值分别为 1066.7 元、1091.0 元和 1100.8 元，即参加全部类型社会保障项目的家庭比未参加任何社会保障项目的家庭在家庭年人均家庭消费性支出上要高 1066.7 元、1091.0 元、1100.8 元。由此可见，社会保障对居民消费具有明显的正向效应。

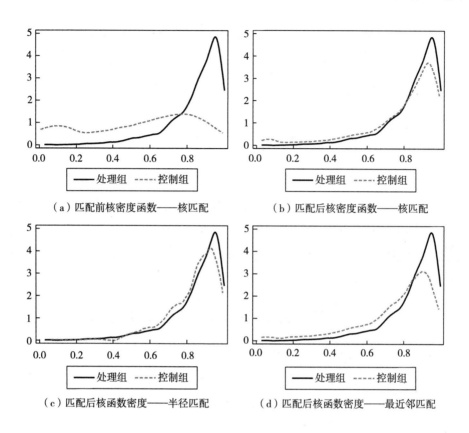

（a）匹配前核密度函数——核匹配

（b）匹配后核密度函数——核匹配

（c）匹配后核函数密度——半径匹配

（d）匹配后核函数密度——最近邻匹配

图 4 – 8　匹配前后核密度函数（情形Ⅲ）

表 4 – 18　社会保障对人均家庭消费性支出的处理效应（情形Ⅲ）

匹配方法	ATT	自助标准差	z	$p > \mid z \mid$
核匹配	1066.7	（506.19）	2.11	0.035
最近邻匹配	1091.0	（459.21）	2.38	0.018
半径匹配	1100.8	（372.72）	2.95	0.003

　　情形Ⅲ的定义最为严格，下面通过情形Ⅳ的分析来凸显情形Ⅲ的严格性。情形Ⅳ即对参加全部类型社会保障项目的家庭与未参加全部类型社会保障项目的家庭进行比较分析。通过与上述情形Ⅲ相同的步骤设置，得出平均处理效应，如表 4 – 19 所示。

表 4 - 19　社会保障对人均家庭消费性支出的处理效应（情形Ⅳ）

匹配方法	ATT	自助标准差	z	$p > \mid z \mid$
核匹配	691.4	(217.89)	3.17	0.002
最近邻匹配	710.0	(317.52)	2.24	0.025
半径匹配	683.2	(267.66)	2.55	0.011

由表 4 - 19 可以看出，三种匹配方法得出的结果分别为 691.4 元、710.0 元和 683.2 元，即社会保障对居民消费同样具有正向的促进作用。综合情形Ⅲ和情形Ⅳ，可以进一步分析得出：居民所在家庭参与社会保障的程度与居民消费性支出存在显著的正相关关系，即参保程度越高，对消费的促进作用越明显。

（二）城镇居民社保选择消费效应分组评价的实证分析

1. 基于人均家庭收入的 PSM 分析

收入是居民进行储蓄或消费活动的基础。收入的异质性或可直接对居民的消费产生决定性作用。而人均家庭（年）收入恰可有效表征家庭的收入情况，故将其列为首项考量指标予以分析。

按照 25% 的人数比例间隔，将人均家庭年收入分为低收入、中低收入、中高收入和高收入四档，其中三个四分位点年收入的取值由低到高分别为 12300.8 元、18000 元和 27666.7 元，而四档家庭的人均家庭年收入的均值分别为 8635.2 元、15107.9 元、22190.1 元和 44365.4 元。

处理组与控制组定义与上文情形Ⅲ一致，表 4 - 20 所示为 PSM 的分析结果。不难发现，不同收入层次的家庭在消费性支出上存在明显差距。单纯从数值上分析：收入越高，可自由支配的资金越充分，从而消费差距也就越大；而三种匹配的 ATT 占各类收入均值的百分比分别为 8.2%、6.6%、5.5% 和 3.1%。由此说明，社会保障对于低收入家庭的重要性程度明显高于高收入家庭。进一步思考，从开展社会保障的本质出发，如何切实保障低收入人群的社会基本权益、兼顾社会公平和稳定是今后政策研究的一项重要出发点。

表 4 – 20　基于分类人均家庭收入的 ATT 值　　　　　单位：元

	低收入	中低收入	中高收入	高收入
核匹配	662.9	977.92	1284.91	1448.06
最近邻匹配	760.6	986.84	1230.39	1324.40
半径匹配	711.2	1046.26	1121.05	1369.45

2. 基于户主就业情况的 PSM 分析

就业通常是居民参加社会保障的重要前提。户主的就业情况可以直接反映该家庭的生活背景、社会地位以及收入来源等重要信息。从微观角度来看，这些信息或与居民的消费行为、消费习惯、消费水平等密不可分，故将"户主就业情况"列为第二项考量指标予以分析。

根据我国国情，国有或集体企业通常会为员工缴纳"五险一金"，故此类居民的社会保障参与程度较高，因此，将户主的就业情况分为无工作、国有或集体企业工作、非国有和非集体企业工作三类。针对情形Ⅲ的调查数据，参加全部类型社会保障项目的人数为 1557 人，其中无工作者 348 人、在国有或集体企业工作者 912 人、在非国有和非集体企业工作者 297 人；未参加任何社会保障项目者 447 人，其中无工作者 272 人、在国有或集体企业工作者 29 人、在非国有和非集体企业工作者 146 人。由此可见，对于"户主在国有或集体企业工作"而言，处理组与控制组人数比例悬殊，且如此分析的现实意义不明显，故在匹配过程中未对此项目进行匹配分析。

处理组与控制组定义与上文情形Ⅲ一致。由表 4 – 21 的分析结果可以看出，对于户主无工作的家庭而言，参加全部类型的社会保障项目与未参加者相比，前者的家庭年人均消费性支出高 813.7 ~ 869.1 元，这一点应当引起足够关注，即针对"就业弱势群体"辅助开展各项社会保障项目是积极有效的。而对于户主在非国有和非集体企业工作的家庭而言，两组差距为 961.92 ~ 1047.00 元，即参加全部的社会保障项目可有效促进人均家庭消费性支出，进而提高居民的消费和生活水平。综上所述，就业作为参加社会保障的基础，就业范围的扩大及就业人数的进一步提升，对社会保障制度的落实完善以及对居民消费的拉动具有良性的循环促进作用。

表 4 - 21　基于户主就业情况的 ATT 值　　　　单位：元

	无工作	非国有和非集体企业
核匹配	869.1	1047.00
最近邻匹配	825.1	978.23
半径匹配	813.7	961.92

3. 基于户主年龄的 PSM 分析

养老保险作为我国社会保障体系的重要组成部分，其费用的缴纳与领取与参保人所处的年龄段直接相关；处于不同年龄段的消费者，通常在消费能力和消费理念上存在显著差异。这些因素或可造成消费的异质性，故将"户主年龄"列为第三项考量指标予以分析。

根据实际经验，将户主年龄分为 18 ~ 35 岁、36 ~ 64 岁和 65 岁及以上三档。这一分法既考虑到户主事业的生命周期、消费的活跃程度，又兼顾了我国的养老金制度。35 岁之前，往往处于事业的上升期，年轻、冲动、具有消费活力；35 ~ 64 岁，事业大多趋于平稳，此时不同个体间在消费能力、消费理念等方面的差异表现也被逐步放大；而 65 岁及以上，通常处于退休阶段，不再继续从事生产劳动，消费需求趋于固定或减缓。

处理组与控制组定义与上文情形Ⅲ一致，由表 4 - 22 可知，对于不同年龄段户主所在的家庭而言，其消费性支出差异表现十分突出。其中，户主年龄小于等于 35 岁的处理组家庭和控制组家庭之间的消费状况较为接近，户主年龄为 36 ~ 64 岁之间处于事业黄金期的两组家庭消费差距明显拉大，而户主年龄大于等于 65 岁处于退休年龄段的家庭在消费上的差异介于前两者之间。上述现象也与之前的预期基本吻合。

表4－22　基于户主年龄的 ATT 值　　　　　　单位：元

	18~35 岁	36~64 岁	65 岁及以上
核匹配	361.1	1520.754	732.3245
最近邻匹配	411.2	1450.124	839.6876
半径匹配	488.8	1415.727	900.1324

三、本章小结

本章基于 CHIPS 数据库 2007 年城镇家庭调查截面数据分四种情形分析社会保障（医疗、失业、养老、工伤、住房）对人均家庭消费性支出的影响。情形 I 定义参加上述四险一金中任意两种的家庭为参保家庭，参加任意一种或者不参加任何类型保险的家庭为非参保家庭。然后利用 PSM 方法分析了 2007 年社会保障对人均家庭消费性支出的影响，核匹配、最近邻匹配和半径匹配计算出的效应分别为 969.0 元、831.1 元和 775.1 元，平均为 858.4 元。情形 II 的处理组与情形 I 一致，但是控制组定义为不参加任何类型保险的家庭，其核匹配、最近邻匹配和半径匹配的计算结果分别为 1003.1 元，996.3 元和 984.5 元，平均为 994.6 元，较情形 I 高 136.2 元，主要是因为情形 I 的处理组中包括只参加一种保险的家庭，而情形 II 不包括。

此外，本章定义了更加严格的情形 III 和情形 IV。处理组均为参保种类齐全的家庭（以家庭为单位，参加医疗、养老、工伤、失业保险及住房公积金共计 5 项社会保障项目），控制组分别为不参加任何类型保险的家庭和不参加全部类型保险的家庭。情形 III 利用核匹配、最近邻匹配和半径匹配方法计算的 ATT 值分别为 1066.7 元、1091.0 元和 1100.8 元，平均为

1086.2 元。情形Ⅳ利用核匹配、最近邻匹配和半径匹配方法计算的 ATT 值分别为 691.4 元、710.0 元和 683.2 元，平均为 694.9 元。最后本部分还基于情形Ⅲ根据人均家庭收入、户主就业情况和户主年龄分组考虑了社会保障对于人均家庭消费性支出促进作用的异质性。

上述分析还表明，2009 年社会保障对消费的促进作用较 2007 年高 200 元左右。一方面是由于通货膨胀现象的存在迫使社会保障的给付水平不断上调，以维持被保障个体的实际保障水平不变；另一方面是因为我国社会保障体制不断健全，确实起到了改善民生、促进经济发展的作用。

第五章

城镇居民医保选择的医疗支出效应评价

——基于处理效应模型的实证分析

一、居民医疗支出及国际比较

改革开放以来，我国经济取得了令人瞩目的成就，居民收入和生活水平显著提高，人们越来越重视生活的质量。据相关统计资料显示，2012 年中国城镇和农村居民的恩格尔系数分别为 36.2% 和 39.3%，较 1978 年分别下降了 21.3 和 28.4 个百分点。2018 年两者分别为 27.7% 和 30.1%，较 2012 年又分别下降了 8.5 和 9.2 个百分点。恩格尔系数下降表明食品消费在消费总量中的比重下降，满足基本生存之外的消费比例上升。因此，消费结构发生明显变化，生活质量显著提高。生活质量提高在微观层面上的一个重要表现为居民不断增加对自身人力资本的投资，如健康投资和教育投资（健康和教育并列为人力资本的两大主要组成部分）。对于个人和家庭而言，健康可以为个人提供未来创造经济收益和获取保障的能力；对于整个社会而言，居民的健康是对整个社会经济增长和长远经济发展的关键性投入要素。

如图 5－1 所示，近年来，中国居民医疗保健支出①的绝对量一直在大幅增加，1995 年居民家庭人均医疗保健消费现金支出仅为 110.11 元，随后持续不间断增长，2012 年达到 1063.68 元，较 1995 年名义增长了 8.7 倍。2013 年、2014 年数据因为来源于国家统计局开展的城乡一体化住户收支与生活状况调查，与原统计口径不一致，因此，这两年数据暂时下降。2018 年人均医疗保健消费现金支出为 1604.02 元，较 1995 年名义增长了 13.6 倍。家庭人均医疗保健支出占消费性支出和人均可支配收入的比例均呈现先上升后下降再上升的趋势，两个指标 1995～2013 年均于 2005 年达到峰值，分别为 7.6% 和 5.7%。2013 年以后，这两个指标稳步上升，2018 年分别达到 7.8% 和 5.2%。这说明中国居民为疾病承担的经济负担的沉重性在 2005 年之前不断加剧，之后直到 2013 年稳中有降。之

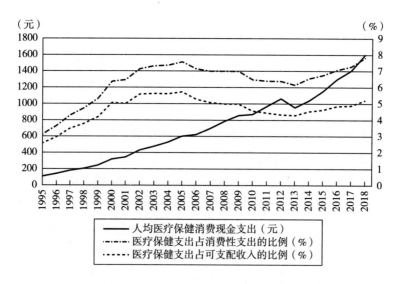

图 5－1 1995～2018 年中国人均医疗保健支出情况

资料来源：历年《中国统计年鉴》。

---

① 城镇居民医疗保健支出是指居民用自己的可支配收入支付的医疗和保健的药品、用品和服务费用。

所以会出现这种现象，直观看，是因为人均医疗保健消费现金支出的名义
增长率在 2005 年之前一直高于可支配收入和消费性支出的名义增长率，
而从 2006 年开始前者一直低于后两者，如图 5 - 2 所示。1995 ~ 2005 年人
均医疗保健消费现金支出名义增长率平均为 20%，而人均可支配收入名义
增长率和人均消费性支出名义增长率分别为 19.6% 和 9.9%。2006 ~ 2013
年三者平均值分别为 6.2%、12.3% 和 11.2%。人均医疗保健消费现金支
出的名义增长率从 2005 年开始下降的主要原因是中国社会保障体系的逐
步完善。2014 ~ 2018 年的人均医疗保健消费现金支出名义增长率高于人均
可支配收入名义增长率和人均消费性支出名义增长率，三者 5 年均值分别
为 10.9%、8.2% 和 7.5%。可能的原因是医疗保健体系进一步完善，居
民健康意识不断增强，这都将促进医疗保健消费现金支出的上升。

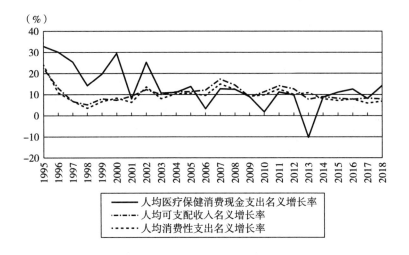

图 5 - 2　人均医疗保健支出、人均可支配收入和人均消费性支出的名义增长率

资料来源：历年《中国统计年鉴》。

20 世纪 50 年代初到 70 年代末，虽然中国经济发展水平较低，但是以
政府为主导的医疗卫生事业取得了巨大的成就，中国仅用占 GDP 3% 左右
的医疗卫生投入就保证了全国绝大多数居民得到最低限度的医疗卫生服

务，国民健康水平大幅度提高，受到了世界卫生组织和很多发展中国家的推崇，WHO 曾经赞誉中国用最低廉的成本保护了世界上最多人口的健康。但是改革开放以来，中国医疗卫生体制改革使得中国医疗卫生事业在某些方面取得一定程度进步的同时也出现了种种问题。其一，医疗保障并未实现全覆盖。例如，2003 年第三次国家卫生服务调查分析报告指出，在城市地区，30.4%的被调查者参加了城镇职工基本医疗保险，4%的被调查者仍享有公费医疗，4.6%的被调查者继续享有劳保医疗，5.6%的被调查者购买了商业医疗保险，44.8%的被调查者无任何医疗保险。[①] 2013 年第五次国家卫生服务调查报告指出，在城市地区，92.8%的被调查者参加了基本医疗保险，较 2003 年情况有较大提高，但仍未实现医疗保障全覆盖的目标。其二，医疗服务的公平性下降。在中国，城乡之间、区域之间、阶层之间的卫生服务差距很大，"看病难、看病贵""因病致贫、因病返贫"等不公平问题依然突出。其三，卫生投入宏观效率不高。虽然卫生投入总体上较医疗改革前大幅度提高，但是居民综合健康指标无明显改善。这期间，国家逐渐放松对药品和医疗服务价格的管制，改革赋予医院更多自主权使得医院倾向于选择比较先进但昂贵的技术设备，因此居民医疗保健支出大幅度增长。

2005 年，国务院发展研究中心和 WHO 的研究报告《中国医疗卫生体制改革》认为："改革开放以来，中国医疗卫生体制发生了很大变化……从总体上讲，改革是不成功的。"这也标志着新一轮医疗制度改革的开始。"十一五"时期，是新中国成立以来社会保障体系建设发展最快的时期，社会保障制度取得突破性进展，覆盖城乡居民的社会保障体系框架基本形成。五年间，城镇居民基本医疗保险制度建立并全面实施，新型农村合作医疗制度和城乡医疗救助制度普遍实施，职工基本医疗保险制度进一步完善。[②]"十二五"期间，我国医疗卫生体制改革成就巨大。一是基本建立了

---

① 《第三次国家卫生服务调查分析报告》。
② 《社会保障"十二五"规划纲要》。

全民医疗保险制度，2015年，参加城镇职工基本医疗保险、城镇居民基本医疗保险和新型农村合作医疗保险的人数超过13亿，参与率保持在95%以上；二是公立医院改革步伐明显加快，建立科学的补偿机制，积极探索现代医院管理体制，稳步推进医疗机构的建立和人事分配制度改革；三是基本药物制度和基层运作新机制得到进一步巩固和完善，基层医疗卫生机构的硬件建设、软件建设和服务能力得到显著提升，农村医生的待遇不断改善；四是大力推进社会办医和健康服务业。在医疗卫生服务体系规划中为社会办医预留了空间，着力消除阻碍社会办医发展的政策障碍。2016年12月27日，国务院印发的《"十三五"深化医药卫生体制改革规划》提出，要在五项制度建设上取得新突破。一是建立科学合理的分级诊疗制度；二是建立科学有效的现代医院管理制度；三是建立高效运行的全民医疗保障制度；四是建立规范有序的药品供应保障制度；五是建立严格规范的综合监管制度。2018年，《"十三五"深化医药卫生体制改革规划》中期评估结果显示，在党中央、国务院坚强领导下，各地各有关部门认真贯彻落实医改决策部署，各项重点任务稳步推进，总体完成情况良好，在分级诊疗、现代医院管理、全民医疗保障、药品供应保障、综合监管五项制度建设以及统筹推进相关领域改革等方面取得了阶段性成果。这些发展使居民医疗卫生服务利用状况得到显著改善，群众"看病难、就医难"问题得到有效缓解。由于卫生公共筹资的不断增加，个人医疗卫生支出比例逐步走低。

从以上图5-1和图5-2宏观数据分析可以发现，平均意义上虽然中国城镇居民医疗保健支出的绝对值在不断增长，但是社会保障事业的发展对参加医疗保险的居民实际医疗支出占可支配收入和消费性支出的比重具有一定的降低作用。人口预期寿命是国际上通用的反映和比较一个国家国民健康状况的指标。如图5-3所示，横轴代表10个代表性国家2010年人均医疗支出，纵轴是2010~2017年人口预期寿命的变化和在此期间人均总医疗支出的变化之比。图5-3反映了这10个国家医疗支出的边际健康产出。瑞士、挪威、澳大利亚、德国、日本和英国等发达国家2010年的人均医疗总支出远远高于发展中国家，但增加的医疗支出对健康的促进作用较发展中国家小很多，瑞士、挪威、澳大利亚、德国、日本和英国的"预期寿命的变化/医疗支出的变化"指标分别为 0.000675、0.020976、0.002123、0.001957、0.011551 和 0.001555。而俄罗斯、印度和巴西等发展中国家的"预期寿命的变化/医疗支出的变化"指标分别为 0.19414、0.102819 和 0.049601，这些发展中国家医疗支出对健康的边际产出明显较高。中国医疗支出对健康的边际产出明显低于俄罗斯、印度和巴西等发展中国家，但是高于英国、德国和瑞士等发达国家。俄罗斯该指标值为 0.19414，边际健康产出高于图中任何一个其他国家。因此，从国际比较来看，中国单位医疗支出的增加，带来国民健康水平的显著改善程度居中。

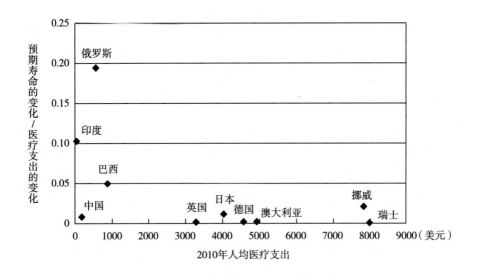

图 5 - 3　世界部分国家医疗支出的边际健康产出

资料来源：Global Health Expenditure Database（WHO）.

发展中国家的边际健康之所以产出较高，主要是因为发展中国家的起点较低。如表 5 - 1 所示，2010 年发展中国家的人均总医疗支出低于表中所有的发达国家，中国和俄罗斯的人均总医疗支出分别仅为瑞士的 2.3%

和7.1%，均达不到瑞士的10%。直到2017年各发展中国家的人均总医疗支出与发达国家依然相差甚远，中国和俄罗斯的人均总医疗支出分别为瑞士的4.4%和5.9%。从表5-1还可以看出，虽然中国起点较低，但是发展速度较快，2017年中国的人均总医疗支出较2010年增长134.5%，增长速度远远高于表中其他发展中国家及所有的发达国家。主要原因是2010~2017年中国GDP仍然维持高速增长，年均增长速度达到8.01%，如图5-4所示，2000年以来GDP中用于医疗支出的部分呈现震荡上升趋势，2000年占比4.47%，2017年增长到5.15%，增长了0.68个百分点。

表5-1 人均总医疗支出 单位：美元

年份 国家	2010	2011	2012	2013	2014	2015	2016	2017
瑞士	8022	9572	9287	9690	10015	9808	9836	9956
挪威	7860	8900	8970	9241	9118	7566	7497	7936
澳大利亚	4953	5877	6047	5838	5638	4888	5000	5332
德国	4597	5022	4755	5094	5291	4617	4734	5033
日本	4060	5087	5212	4336	4099	3734	4175	4169
英国	3309	3502	3493	4208	4601	4326	3945	3859
巴西	892	1025	951	974	1010	776	796	929
俄罗斯	567	685	760	811	742	502	469	586
中国	188	238	284	328	362	393	398	441

资料来源：Global Health Expenditure Database（WHO）.

虽然中国对医疗卫生事业越来越重视，且已经取得一定的成绩，但随着中国经济和医疗卫生事业的发展，仍有进一步上升的空间。现在中国医疗卫生事业仍然存在公平性低、可及性差和效率低下等问题，这些问题的改善有待国家进一步给予财政投入。如图5-4所示，经济较发达的瑞士和德国的总医疗支出占GDP的比重遥遥领先，2017年分别达到12.3%和11.2%。图5-4所有的国家中，2000~2017年中国的总医疗支出占GDP

比重均最低，2017 年比重仅为 5.15%。因此，随着经济的发展，中国应该在现有水平上进一步加大对医疗卫生事业的支持，推进医疗卫生事业不断向前进步。

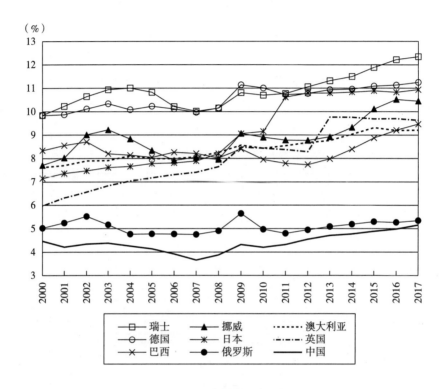

图 5-4　各国总医疗支出占 GDP 的比重

资料来源：Global Health Expenditure Database（WHO）.

作为居民，真正关心的问题是参加医疗保险比不参加医疗保险可以带来多大幅度的医疗支出的降低，即是否能够得到真正的实惠。衡量居民是否得到真正实惠的一个重要指标是"自付医疗支出占总医疗支出的比例"，该比值越大，说明居民就医时自付比例越高，医疗保险并不能减轻居民的医疗负担，甚至可能导致居民"有病不医"，或者"因病致贫、因病返贫"的问题；该值越小，越有利于减轻居民医疗负担，居民所得实惠越大。如图 5 - 5 所示，发达国家的医疗费用自付比例比较稳定，大部分发展中国家的医疗自付比例呈现下降趋势，只有俄罗斯处于不断上升之中。中国居民的医疗费用自付比例虽然一直呈快速下降趋势，但仍然远远高于发达国家，与图 5 - 5 中其他发展中国家差距也较大，中国 2000 ~ 2007 年自付比例一直维持在 50% 以上。2008 年以后，中国自付比例均低于 50%，且呈逐渐降低趋势。2017 年，中国自付比例降至 2000 年以来最低，达到 36.1%，但就图 5 - 5 中的国家而言该比例仅低于俄罗斯。国家财政部发布的数据显示，2018 年我国个人医疗费用支出占卫生总费用比重下降至 28.7%，为近 20 年最低水平。但我国个人医疗费用支出仍远高于发达国家的水平，相比经合组织（OECD）成员国 10% 的占比，高出近两倍。

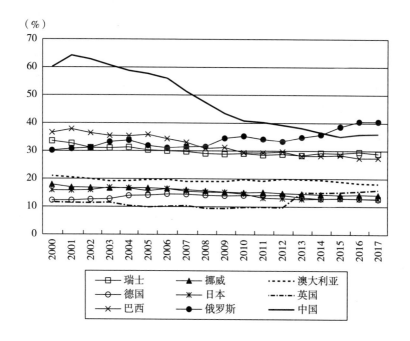

图 5 - 5　各国居民自付医疗支出占总医疗支出的比例

资料来源：Global Health Expenditure Database（WHO）.

本章基于中国家庭收入项目调查（CHIPS）2007 年城镇数据分析以下问题：①参加医疗保险（分为公费医疗或统筹、商业医疗保险、新农合和其他医疗保险）是否增大其具有正医疗保健支出（包括总支出和自付部分）的概率；②具有正医疗保健支出（包括总支出和自付部分）的参保个体，其支出（包括总支出和自付部分）是否低于非参保者。为了区分这两种效应，需要解决截断数据和不可观测变量的自选择问题。因此，本章基于样本选择模型和两部模型分析以上问题，以期为居民的医疗保险选择行为和政府医疗保险政策的制定提供理论和实证依据。

二、处理效应模型及实证模型构建

（一）处理效应模型

处理效应模型（Treatment Effects Model）最早应用于生物与医学领域，通过实验的方法比较处理组与控制组在进行实验时的差异，研究处理变量的真正作用，从而研究药物或者手术等的实际效果。所以在进行研究时，控制个体之间的差异，找到处理变量的真正效果非常重要。为了控制个体之间的差异，处理效应模型一般都分为两步对问题进行分析。首先，通过对个体的特征标量进行回归，一般使用 Logit 模型或者 Probit 模型得到倾向匹配得分；然后，从中找到比较相似的组，在此基础上在相似的组内部进行回归，得到内部处理组和控制组之间的差别。

处理效应模型的基本形式如下：

$$y_i = \boldsymbol{x}_j \beta + \delta z_j + \epsilon_j \tag{5-1}$$

$$z_j^* = w_j \gamma + u_j \tag{5-2}$$

其中，z_j 为二项选择变量，z_j^* 为隐藏变量：

$$z_j = \begin{cases} 1, & \text{if } z_j^* > 0 \\ 0, & \text{otherwise} \end{cases} \tag{5-3}$$

ϵ 和 u 服从二元正态分布，均值为 0，协方差矩阵为：

$$\begin{bmatrix} \sigma & \rho \\ \rho & 1 \end{bmatrix}$$

Maddala（1986）给出了该模型的似然函数，Greene（2000）讨论了如何将二元正态分布简化为一元正态分布，相关系数为 ρ。基于他们已经取得的成果，观测值 j 的对数似然函数为：

$$l_j = \begin{cases} \ln\Phi\left(\dfrac{w_j\gamma + (y_j - x_j\beta - \delta)\rho/\sigma}{\sqrt{1-\rho^2}}\right) - \dfrac{1}{2}\left(\dfrac{y_j - x_j\beta - \delta}{\sigma}\right) - \ln(\sqrt{2\pi}\sigma) & z_j = 1 \\[4mm] \ln\Phi\left(\dfrac{-w_j\gamma - (y_j - x_j\beta)\rho/\sigma}{\sqrt{1-\rho^2}}\right) - \dfrac{1}{2}\left(\dfrac{y_j - x_j\beta}{\sigma}\right)^2 - \ln(\sqrt{2\pi}\sigma) & z_j = 0 \end{cases}$$

$$\tag{5-4}$$

其中，$\Phi(\ )$ 是标准正态分布的分布函数。

在最大似然估计中，σ 和 ρ 并没有被直接估计，直接估计的是 $\ln\sigma$ 和 $\text{atanh}\rho$，其中，

$$\text{atanh}\rho = \frac{1}{2}\ln[(1+\rho)/(1-\rho)] \tag{5-5}$$

$\lambda = \rho\sigma$ 的标准误差为：

$$\text{var}(\lambda) \approx \mathbf{D}\text{Var}([\text{atanh}\rho \quad \ln\sigma])\mathbf{D}' \tag{5-6}$$

其中，$\mathbf{D}$ 是 λ 的雅克比行列式。

Maddala（1986）也推导出了两阶段估计量（Two-step Estimator）。在第一个阶段可以得到处理等式的 Probit 估计量：

$$Pr(z_j = 1 \mid w_j) = \Phi(w_j\gamma) \tag{5-7}$$

对于任意观测值 j，其风险比率为：

$$j = \begin{cases} \phi(w_j\hat{\gamma})/\Phi(w_j\hat{\gamma}) & z_j = 1 \\ -\phi(w_j\hat{\gamma})/(1 - \Phi(w_j\hat{\gamma})) & z_j = 0 \end{cases} \tag{5-8}$$

其中，ϕ 为标准正态分布密度函数。

我们定义，

$$d_j = \boldsymbol{h}_j(\boldsymbol{h}_j + \hat{\boldsymbol{\gamma}}\boldsymbol{w}_j) \tag{5-9}$$

则

$$E[y_j \mid z_j] = \boldsymbol{X}_j\beta + \delta z_j + \rho\sigma\,\boldsymbol{h}_j \tag{5-10}$$

$$\text{var}[y_j \mid z_j] = \sigma^2(1 - \rho^2 d_j) \tag{5-11}$$

β 和 δ 的两阶段参数估计可以通过将 h 代入回归方程中得到。此时，解释变量变为 $[\boldsymbol{X}\ \boldsymbol{z}\ \boldsymbol{h}]$，我们可以得到额外参数估计 β_h。可以通过该扩展方程的残差和 β_h 得到一致的回归残差方差的估计量：

$$\hat{\sigma}^2 = (\boldsymbol{e}'\boldsymbol{e} + \beta_h^2\sum_{j=1}^{N} d_j)/N \tag{5-12}$$

ρ 的两阶段估计为：

$$\hat{\rho} = \beta_h/\hat{\sigma} \tag{5-13}$$

（二）模型的构建

本研究主要目的是分析是否参加医疗保险这一二元选择对总医疗支出和自付医疗支出的影响，因此处理效应模型的第一步是利用 Probit 回归分析样本中各个体的参保倾向，第二步是分析各影响因素对医疗支出这一连续变量的影响。因此，构建如下模型：

$$\text{MedExp}_j = \boldsymbol{x}_j\beta + \delta\,\text{Treat}_j + \epsilon_j \quad j = 1,\ 2,\ \cdots,\ n \tag{5-14}$$

$$\text{Treat}_j^* = w_j\gamma + u_j \tag{5-15}$$

其中，MedExp_j 为第 j 个个体 2007 年的医疗支出，$\boldsymbol{x}_j$ 为影响医疗支出的因素。其中，Treat_j 为二项选择变量，Treat_j^* 为隐藏变量：

$$\text{Treat}_j = \begin{cases} 1, & \text{if Treat}_j^* > 0 \\ 0, & \text{otherwise} \end{cases} \tag{5-16}$$

当个体认为参保收益大于 0 时，$\text{Treat}_j = 1$，否则 $\text{Treat}_j = 0$。

三、城镇居民医保选择医疗支出
效应评价的实证分析

本章仍采用 2007 年 CHIPS 城镇家庭调查截面数据，以个人为单位，分析 CHIPS 数据中包含的医疗保险（公费医疗或统筹、商业医疗保险、新型农村合作医疗、其他）对 2007 年全年个人医疗现金总支出（包括报销或减免费用）和个人实际支付费用的效应进行分析。因此，本章被解释变量包括 2007 年全年个人医疗现金总支出（包括报销或减免费用，简称为"总医疗支出"）和个人实际医疗支付费用（简称为"自付医疗支出"），分别用 THE（Total Health Expenditure）和 OOP（Out – of – Pocket Health Expenditure）表示。

（一）变量选择与描述性统计

本章去掉参加两种及以上保险、医疗总支出为 0、信息缺失以及少数民族个体，最终有效样本个数为 7667 个。其中，参加"公费医疗或统筹"的个体为 4766 个，参加"商业医疗保险"的个体为 305 个，参加"新型农村合作医疗"保险的个体为 203 个，参加"其他"医疗保险的个体为 210 个；没有参加任何医疗保险的个体为 2183 个。因此，参加"公费医疗或统筹"的样本占总样本的 62.2%，占参保样本的 86.9%。

本章的因变量和自变量如表 5 – 2 所示，描述性统计如表 5 – 3 所示。对于被解释变量"总医疗支出"而言，"公费医疗或统筹"样本均值高于全样本均值和全体参保样本均值，但是对于"自付医疗支出"而言，其均值却低于全样本均值和全体参保样本均值。说明参加"公费医疗或统筹"的个体可能因为医疗保险降低了个体实际自付医疗支出而增加了医疗需求，

表 5 - 2　变量的定义

变量		定义
被解释变量		
总医疗支出		2007 年个人医疗现金总支出（包括报销或减免费用）
自付医疗支出		扣除各种报销，2007 年个人实际支付的医疗费用
解释变量		
医疗保险	是否参加医疗保险	CHIPS 调查数据将保险分为公费医疗或统筹、商业医疗保险、农村合作医疗、其他和没有医疗保险五种，而且被调查者可以选择多于一种的保险种类。本章去掉参加大于一种保险的个体（352 个）和缺失值对应的记录
	是否参加公费医疗或统筹	参加 = 1，不参加 = 0；基准组：未参加医疗保险个体
健康	健康状况一般	自评健康状况包括：①非常好；②好；③一般；④不好；⑤非常不好。"健康状况较好"包括①和②；"健康状况一般"包括③；"健康状况不好"包括④和⑤
	健康状况不好	是 = 1，否 = 0；基准组：健康状况较好
	最近 3 个月是否受伤或生病	是 = 1，否 = 0
教育	初等教育	教育包括：①未上过学；②扫盲班；③小学；④初中；⑤高中；⑥中专；⑦大学专科；⑧大学本科；⑨研究生。本章将教育分为四类：文盲（包括①）；初等教育（包括②和③）；中等教育（包括④、⑤和⑥）；高等教育（包括⑦、⑧和⑨）
	中等教育	
	高等教育	是 = 1，否 = 0；基准组：文盲
个体特征	人均家庭收入	全年家庭总收入/家庭规模
	居住省份	上海、江苏、浙江、安徽、河南、湖北、广东、重庆、四川是 = 1，否 = 0；基准省份：上海
	是否居住在省会城市	是 = 1，否 = 0
	单位性质	①党政机关；②国家、集体的事业单位；③民办企事业单位；④国有独资企业；⑤国有控股企业；⑥集体独资企业；⑦集体控股企业；⑧大私营独资企业；⑨私营控股企业；⑩外资独资企业；⑪外资控股的合资企业；⑫国有控股的合资企业；⑬集体控股的合资企业；⑭私营控股的合资企业；⑮个体；⑯其他企业是 = 1，否 = 0；基准组：无单位

变量		定义
其他变量	孩子数量	生育孩子数量
	年龄	年龄 = 2007 - 出生年
	性别	男 = 1，女 = 0
	婚否	已婚 = 1，未婚 = 0

或者存在过度医疗现象。对于"自付医疗支出占总医疗支出的比例"而言，"公费医疗或统筹"样本的自付率为44.2%，低于总样本51%和参保样本46.4%的自付率。如图5-5所示，根据WHO的Global Health Expenditure Database数据，2000年、2005年、2010年、2015年和2017年中国"自付医疗支出占总医疗支出的比例"分别达到60.13%、57.69%、40.80%、35.09%和36.05%，美国同期分别为15.47%、13.86%、12.21%、11.17%和10.99%。因此，共保率①较高是中国的一种典型现象，且城镇居民的共保率要低于农村居民的共保率，但是随着中国社会保障制度的完善共保率有下降的趋势。

　　由于数据中无人均可支配收入数据，本章收入变量采用人均家庭收入而非个人收入，因为作为家庭成员个人的医疗消费在更大程度上受家庭收入的影响。表5-3显示，参保个体收入高于未参保个体，而参加"公费医疗或统筹"个体的收入最高。由于年龄对医疗消费会产生一定的影响，需要加入年龄作为控制变量。此外，根据已有文献，个体消费行为与年龄并非线性关系，因此加入年龄平方项。由于我国计划生育政策的实施，生育孩子的数量一般与年龄紧密相连，生育孩子数量越多，代表年龄越大、身体较差人的比例越高，因此就医的概率和医疗支出费用也越高。样本中平均86.9%个体已婚，已婚样本的平均总医疗支出和自付医疗支出为

---

　　① 在职工基本医疗保险中，起付线之上封顶线之下的社会统筹医疗保险基金主要用于住院医疗费用的支付，基本医疗保险制度规定对这部分费用支付实施共同保险形式。在这部分住院医疗费用中，被保险人负担的医疗费用所占的比例叫作共保率。

1640.38 元和 832.4 元，高于未婚样本的 1366.1 元和 720.4 元。"最近 3 个月是否受伤或生病"对于表 5-3 中 4 类样本而言差别较小，但是该指标对 2007 年医疗支出的增加应该具有显著的作用。对于教育水平而言，参保个体中享受高等教育样本占比较大（34%），未参保个体中享受高等教育的样本仅占 16.7%。不同样本中，各类健康状况个体所占比例差异不大，可能是因为样本参加的保险大部分为"公费医疗或统筹"，该保险的选择在很大程度上取决于所供职单位的医保政策，而非个人意愿。此外，本章加入了样本所在省份和单位性质作为控制变量，因为各省份的医保政策有所差异，且不同的单位性质在一定程度上决定了个人购买保险的种类。

表 5-3　描述性统计

变量	全样本 （7667 个）		参保个体 （5484 个）		公费或统筹 （4766 个）		未参保个体 （2183 个）	
	均值	标准差	均值	标准差	均值	标准差	均值	标准差
总医疗支出（元）	1604	5518	1655	6050	1720	6328	1477	3872
自付医疗支出（元）	832.4	2447	767.2	2593	759.7	2664	944.5	2031
人均家庭收入（元）	19820	18707	21458	20467	21463	20978	15706	12376
年龄（岁）	47.66	14.38	46.49	13.45	47.11	13.40	50.58	16.14
孩子数量（个）	1.304	0.956	1.221	0.845	1.201	0.826	1.513	1.165
婚否	0.869	0.338	0.883	0.322	0.887	0.317	0.833	0.373
最近 3 个月是否受伤或生病	0.206	0.404	0.199	0.399	0.204	0.403	0.224	0.417
初等教育	0.084	0.277	0.067	0.250	0.060	0.237	0.126	0.331
中等教育	0.602	0.490	0.578	0.494	0.569	0.495	0.660	0.474
高等教育	0.291	0.454	0.340	0.474	0.359	0.480	0.167	0.373
健康状况一般	0.321	0.467	0.317	0.466	0.322	0.467	0.329	0.470
健康状况不好	0.071	0.257	0.060	0.237	0.062	0.241	0.100	0.300
江苏	0.111	0.314	0.130	0.336	0.143	0.350	0.065	0.247
浙江	0.119	0.323	0.127	0.333	0.134	0.341	0.097	0.296
安徽	0.091	0.288	0.092	0.290	0.095	0.293	0.087	0.283

续表

变量	全样本 (7667 个)		参保个体 (5484 个)		公费或统筹 (4766 个)		未参保个体 (2183 个)	
	均值	标准差	均值	标准差	均值	标准差	均值	标准差
河南	0.138	0.345	0.138	0.345	0.129	0.335	0.139	0.346
湖北	0.068	0.251	0.075	0.264	0.077	0.267	0.048	0.213
广东	0.149	0.356	0.155	0.362	0.121	0.326	0.132	0.338
重庆	0.092	0.288	0.046	0.211	0.043	0.202	0.205	0.404
四川	0.150	0.357	0.127	0.332	0.136	0.343	0.210	0.408
党政机关	0.048	0.214	0.063	0.243	0.071	0.256	0.011	0.104
国家、集体事业单位	0.140	0.347	0.181	0.385	0.191	0.393	0.037	0.189
民办企事业单位	0.027	0.163	0.032	0.177	0.031	0.173	0.0140	0.118
国有独资企业	0.041	0.198	0.052	0.222	0.057	0.233	0.012	0.111
国有控股企业	0.058	0.235	0.075	0.264	0.084	0.277	0.016	0.124
集体独资企业	0.012	0.109	0.013	0.115	0.014	0.116	0.009	0.093
集体控股企业	0.017	0.129	0.020	0.140	0.021	0.145	0.009	0.095
私营独资企业	0.067	0.249	0.067	0.250	0.060	0.238	0.066	0.248
私营控股企业	0.031	0.173	0.035	0.183	0.037	0.188	0.022	0.147
外资独资企业	0.013	0.112	0.017	0.130	0.017	0.128	0.002	0.043
外资控股合资企业	0.008	0.087	0.010	0.099	0.010	0.100	0.002	0.043
国有控股合资企业	0.003	0.058	0.005	0.067	0.005	0.071	0	0.021
集体控股合资企业	0.004	0.064	0.005	0.070	0.005	0.069	0.002	0.048
私营控股合资企业	0.008	0.087	0.009	0.094	0.009	0.096	0.004	0.064
个体	0.082	0.274	0.064	0.245	0.044	0.205	0.126	0.332
其他企业	0.019	0.136	0.019	0.136	0.016	0.126	0.019	0.136

（二）"公费医疗或统筹"医疗支出效应的实证分析

1. 总医疗支出效应

本章规定居民参加"公费医疗或统筹"即为参保个体，不参加任何医疗保险的个体为非参保个体，样本中前者 4766 个，后者 2183 个，共 6949

个样本。

处理效应模型的第一阶段为 Probit 回归,回归结果如表 5 - 4 所示。模型的整体表现要从击中率、似然比检验和准R^2等几个方面来分析。模型击中率达到 78.23%,说明构建的 Probit 模型对于样本是否为参保个体的预测效果较好。似然比检验统计量(LR)检验除常数项外所有其他系数的显著性,LR chi2(33) = 2342.88,对应的 Prob > chi2 = 0.0,故模型整体非常显著,准$R^2 = 0.2709$,为多种测算模型中较高者。

表 5 - 4 "公费医疗或统筹"总医疗支出效应计算过程

	Probit		边际效应		总医疗支出方程	
	系数	标准差	系数	标准差	系数	标准差
年龄	0.066 ***	(0.008)	0.021 ***	(0.003)	- 128.332 ***	(31.66)
年龄^2	- 0.001 ***	(0.000)	- 0.0002 ***	(0.000)	1.650 ***	(0.320)
婚否	0.0810	(0.058)	0.026	(0.019)	504.509 **	(221.02)
健康状况一般	0.079 *	(0.042)	0.025 *	(0.013)	230.9	(152.83)
健康状况不好	0.159 **	(0.071)	0.048 **	(0.020)	3835.187 ***	(279.83)
初等教育	0.269 **	(0.125)	0.078 **	(0.033)	951.699 *	(496.27)
中等教育	0.358 ***	(0.118)	0.116 ***	(0.039)	1289.484 ***	(471.09)
高等教育	0.691 ***	(0.123)	0.195 ***	(0.031)	1381.461 ***	(491.95)
人均家庭收入	5.25e - 06 ***	(0.000)	1.66e - 06 ***	(0.000)	0.008 **	(0.004)
最近 3 个月是否受伤或生病					1902.400 ***	(173.87)
孩子数量					51.37	(99.13)
是否参保					924.756 ***	(290.64)
常数项	- 1.401 ***	(0.241)			342.8	(784.08)
党政机关	1.636 ***	(0.118)	0.262 ***	(0.008)		
国家、集体事业单位	1.536 ***	(0.075)	0.299 ***	(0.008)		
民办企事业单位	1.093 ***	(0.125)	0.216 ***	(0.012)		
国有独资企业	1.477 ***	(0.115)	0.250 ***	(0.008)		
国有控股企业	1.643 ***	(0.105)	0.268 ***	(0.007)		
集体独资企业	0.921 ***	(0.167)	0.195 ***	(0.020)		

续表

	Probit		边际效应		总医疗支出方程	
	系数	标准差	系数	标准差	系数	标准差
集体控股企业	1.088 ***	(0.151)	0.214 ***	(0.014)		
私营独资企业	0.640 ***	(0.079)	0.16 ***	(0.015)		
私营控股企业	0.977 ***	(0.109)	0.206 ***	(0.013)		
外资独资企业	1.826 ***	(0.269)	0.248 ***	(0.008)		
外资控股的合资企业	1.457 ***	(0.276)	0.234 ***	(0.013)		
国有控股合资企业	1.804 ***	(0.464)	0.243 ***	(0.011)		
集体控股合资企业	1.015 ***	(0.311)	0.204 ***	(0.030)		
私营控股合资企业	1.290 ***	(0.226)	0.226 ***	(0.014)		
个体	0.0110	(0.072)	0.003	(0.023)		
其他企业	0.441 ***	(0.130)	0.118 ***	(0.028)		
江苏	−0.571 ***	(0.106)	−0.202 ***	(0.040)		
浙江	−0.852 ***	(0.104)	−0.310 ***	(0.040)		
安徽	−1.076 ***	(0.107)	−0.398 ***	(0.040)		
河南	−1.217 ***	(0.103)	−0.446 ***	(0.037)		
湖北	−0.706 ***	(0.114)	−0.258 ***	(0.044)		
广东	−1.218 ***	(0.103)	−0.447 ***	(0.037)		
重庆	−2.177 ***	(0.108)	−0.714 ***	(0.020)		
四川	−1.439 ***	(0.100)	−0.52 ***	(0.033)		
Hazard – lambda	−616.002 ***	(229.1)				

注：括号内为 z 值；*、**、***分别表示在 10%，5% 和 1% 的显著水平下显著，没有 * 号代表没有通过显著性检验。

表 5-4 显示，当个体平均年龄大于 62.5 岁时个体参保倾向开始降低，主要原因是我国老年人医疗保障体系不健全、不完善，这是经济发展和社会进步中亟待解决的深层次矛盾之一。是否结婚对参保倾向无显著影响。与基准组"健康状况较好"比较，"健康状况不好"和"健康状况一般"的个体参保倾向有显著的增加。与基准组"文盲"比较，"初等教育"、"中等教育"和"高等教育"组中样本参保倾向随着学历的提高而增加。

人均家庭收入对参保倾向有较大的推动作用。与基准组"无工作单位"相比，任何一个有工作单位的个体都有较明显的参保倾向，但是单位性质为"个体"的员工较其他 15 个单位性质员工参保倾向稍弱。与基准组"上海"相比，其他省份的参保倾向都较弱。

处理效应模型的第二个阶段估计结果方程，即总医疗支出方程，如表 5－4 最后两列所示。个体在平均 38.9 岁以后，医疗支出有所上升。已婚状态可促进医疗费用增加，因为已婚人群平均年龄较大。与基准组"健康状况较好"样本相比，"健康状况一般"样本的医疗支出并无显著差异，但是"健康状况不好"样本的医疗支出有显著增加。医疗支出随着学历的提高不断上升，可能是因为学历较高者所从事职业的收入较高，就诊医院级别较高。人均家庭收入较高的个体经济承受能力较强，因此可促进总医疗支出的增加。"最近 3 个月是否受伤或生病"可显著促进医疗支出，因为最近 3 个月属于调查样本期，其支出自然会促进当年医疗费用的增加。个体所生育孩子数量虽然可正向促进总医疗支出，但效果并不显著。

最后，求得 E（$\mathrm{Med}E_j \mid \mathrm{treatment} = 1$）和 E（$\mathrm{Med}E_j \mid \mathrm{treatment} = 0$），前者为基于个体参保状态的总医疗支出的期望值，后者为基于个体非参保状态的总医疗支出。表 5－5 所示为 E（$\mathrm{Med}E_j \mid \mathrm{treatment} = 1$）－ E（$\mathrm{Med}E_j \mid \mathrm{treatment} = 0$）的均值，图 5－6 为该值的分布情况。因此，"公费医疗或统筹"在 5% 的显著水平下促进总医疗支出的增加。且图 5－6 显示绝大部分个体为正效应，处理效应约为 400 元的个体占总样本的将近 40%。

表 5－5　"公费医疗或统筹"总医疗支出平均处理效应

变量	均值（元）	标准差（元）	最小值（元）	最大值（元）	样本量（个）
平均处理效应	305.7	（117.3）	－311.2	400.1	6949

2. 自付医疗支出效应

因为总医疗支出在一定程度上取决于相关医疗政策，普通居民更加关心的问题是参加医疗保险是否能真正降低其自付支出部分，即是否能得到

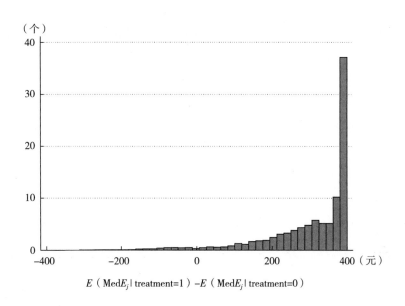

图5－6　总医疗支出平均处理效应分布（公费医疗或统筹）

真正的实惠。因此，进一步测算参加医疗保险对自付医疗支出的处理效应。

本研究模型击中率达到 78.11%，说明构建的 Probit 模型对于样本是否为参保个体的预测效果较好。似然比检验统计量（*LR*）检验除常数项以外所有其他系数的显著性，*LR* chi2（34）=2345.86，对应的 Prob > chi2 =0.0，故模型整体非常显著。由于 Probit 模型为非线性模型，不存在平方和分解公式，因此无法计算 R^2，此时用准 R^2 来替代，准 R^2 = 0.2712，为多种测算模型中较高者。因此，从以上几方面来看，Probit 模型整体表现较好。

表5－6的 Probit 模型与表5－4一致，都代表个体参加"公费医疗或统筹"的倾向，此处不再赘述。处理效应模型的第二个阶段为估计结果方程，即自付医疗支出方程，如表5－6最后两列所示。个体在 46.4 岁以后，自付医疗支出有所上升。与基准组"健康状况较好"样本相比，"健康状况一般"和"健康状况不好"样本的医疗支出显著增加，特别是后者较"健康状况较好"样本 2007 年人均自付医疗支出增加 2037.9 元。实际

医疗支出与学历无显著关系，甚至学历越高实际医疗支出越低，可能的原因是学历较高个体就职单位提供的医疗保险较为完善。虽然人均家庭收入较高个体经济承受能力较强，但是只显著促进其参保倾向，并没有显著促进自付医疗费用的增加，可能的原因是收入较高个体往往具有较完善的医疗保险，报销比例较大。与基准组"无工作"相比较，供职于任何单位都会减少其自付医疗支出，只是显著性不同。与基准组"上海"相比，其他8个省份的自付医疗都显著增加，说明这8个省份医疗保险体系相对上海而言较不完善。

表 5 - 6　　"公费医疗或统筹"自付医疗支出效应计算过程

	Probit		边际效应		支出方程	
	系数	标准差	系数	标准差	系数	标准差
年龄	0.066 ***	(0.008)	0.021 ***	(0.003)	− 40.146 ***	(14.55)
年龄^2	− 0.001 ***	(0.000)	0.0002 ***	(0.000)	0.433 ***	(0.139)
婚否	0.0810	(0.058)	0.026	(0.019)		
健康状况一般	0.079 *	(0.042)	0.025 *	(0.013)	213.261 ***	(68.65)
健康状况不好	0.159 **	(0.071)	0.048 **	(0.020)	2037.911 ***	(121.94)
初等教育	0.269 **	(0.125)	0.078 **	(0.033)	93.44	(225.92)
中等教育	0.358 ***	(0.118)	0.116 ***	(0.039)	− 47.85	(215.47)
高等教育	0.691 ***	(0.123)	0.195 ***	(0.031)	− 24.25	(232.35)
人均家庭收入	$5.25e - 06$ ***	(0.000)	$1.66e - 06$ ***	(0.000)	0.001	(0.002)
是否参保					1006.393 ***	(388.56)
常数项	− 1.401 ***	(0.241)			659.950 *	(372.51)
党政机关	1.636 ***	(0.118)	0.262 ***	(0.008)	− 690.924 ***	(217.07)
国家、集体事业单位	1.536 ***	(0.075)	0.299 ***	(0.008)	− 643.609 ***	(186.83)
民办企事业单位	1.093 ***	(0.125)	0.216 ***	(0.012)	− 695.995 ***	(231.94)
国有独资企业	1.477 ***	(0.115)	0.250 ***	(0.008)	− 709.161 ***	(216.61)
国有控股企业	1.643 ***	(0.105)	0.268 ***	(0.007)	− 389.509 *	(209.51)
集体独资企业	0.921 ***	(0.167)	0.195 ***	(0.020)	− 632.386 **	(293.64)

续表

	Probit		边际效应		支出方程	
	系数	标准差	系数	标准差	系数	标准差
集体控股企业	1.088***	(0.151)	0.214***	(0.014)	-542.659**	(261.56)
私营独资企业	0.640***	(0.079)	0.16***	(0.015)	-454.028***	(156.64)
私营控股企业	0.977***	(0.109)	0.206***	(0.013)	-503.357**	(212.37)
外资独资企业	1.826***	(0.269)	0.248***	(0.008)	-639.251**	(324.17)
外资控股合资企业	1.457***	(0.276)	0.234***	(0.013)	-543.2	(378.05)
国有控股合资企业	1.804***	(0.464)	0.243***	(0.011)	-957.944*	(519.02)
集体控股合资企业	1.015***	(0.311)	0.204***	(0.030)	-732.7	(479.82)
私营控股合资企业	1.290***	(0.226)	0.226***	(0.014)	-189.5	(373.01)
个体	0.0110	(0.072)	0.003	(0.023)	-200.8	(129.96)
其他企业	0.441***	(0.130)	0.118***	(0.028)	-532.522**	(240.12)
江苏	-0.571***	(0.106)	-0.202***	(0.040)	286.852**	(134.25)
浙江	-0.852***	(0.104)	-0.310***	(0.040)	408.832***	(142.90)
安徽	-1.076***	(0.107)	-0.398***	(0.040)	521.435***	(160.41)
河南	-1.217***	(0.103)	-0.446***	(0.037)	267.538*	(159.90)
湖北	-0.706***	(0.114)	-0.258***	(0.044)	326.860**	(155.67)
广东	-1.218***	(0.103)	-0.447***	(0.037)	438.392***	(161.99)
重庆	-2.177***	(0.108)	-0.714***	(0.020)	725.238***	(253.79)
四川	-1.439***	(0.100)	-0.52***	(0.033)	533.631***	(175.83)
Hazard-lambda	-328.810*	(194.7)				

注：括号内为 z 值；*、**、*** 分别表示在10%，5%和1%的显著水平下显著，没有 * 号代表没有通过显著性检验。

表 5-7 为 $E\left(\text{Med}E_j \mid \text{treatment}=1\right) - E\left(\text{Med}E_j \mid \text{treatment}=0\right)$ 的均值，图 5-7 为该值的分布情况。因此，参加"公费医疗或统筹"将会减少自付医疗支出，但是这种效应并不显著。图 5-7 显示大部分个体为负效应，绝大部分处理效应处于 -500~0 元之间。

表5−7　"公费医疗或统筹"自付医疗支出平均处理效应

变量	均值（元）	标准差（元）	最小值（元）	最大值（元）	样本量（个）
平均处理效应	−153.4386	(219.7)	−1292.822	23.3958	6949

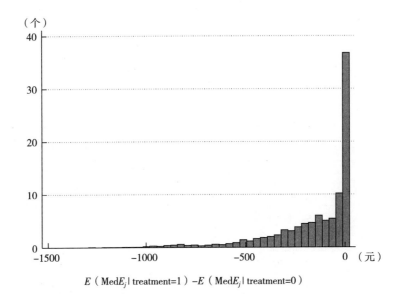

$E\ (\mathrm{Med}E_j | \text{treatment=1}\ )\ -E\ (\mathrm{Med}E_j | \text{treatment=0}\ )$

图5−7　自付医疗支出平均处理效应分布（公费医疗或统筹）

（三）"商业医疗保险"医疗支出效应的实证分析

样本中，参加"商业医疗保险"个体 305 个，非参保个体 2183 个，共 2488 个。整个计算过程与上述"公费医疗或统筹"一样，此处不再赘述，只给出结果。表 5−8 为商业医疗保险的总医疗支出和自付医疗支出的处理效应均值，图 5−8 和图 5−9 为总医疗支出平均处理效应和自付医疗支出平均处理效应的分布情况。我们发现商业医疗保险可以显著促进总医疗支出的增加，但是对实际医疗支出影响并不显著。从图 5−8 可以看出，商业医疗保险的总医疗支出效应主要集中在 200~800 元，自付医疗支出效应集中在 −200~200 元。

表 5－8　"商业医疗保险"医疗支出平均处理效应

变量	均值（元）	标准差（元）	最小值（元）	最大值（元）	样本量（个）
总医疗支出平均处理效应	352.8439	（106.6）	206.3218	1212.892	2488
自付医疗支出平均处理效应	23.0108	（75.62）	－587.532	126.9305	2488

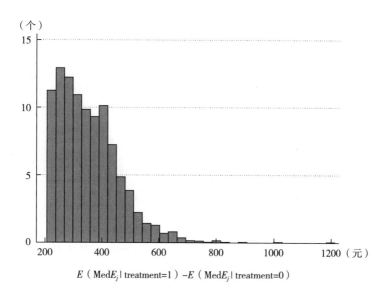

$$E（\mathrm{Med}E_j| \mathrm{treatment}=1）-E（\mathrm{Med}E_j| \mathrm{treatment}=0）$$

图 5－8　总医疗支出平均处理效应分布（商业医疗保险）

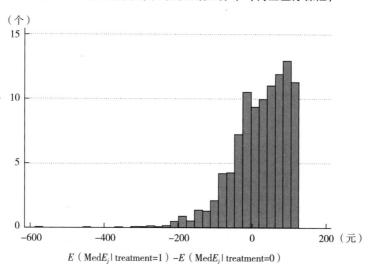

$$E（\mathrm{Med}E_j| \mathrm{treatment}=1）-E（\mathrm{Med}E_j| \mathrm{treatment}=0）$$

图 5－9　自付医疗支出平均处理效应分布（商业医疗保险）

（四）"新农合"医疗支出效应的实证分析

CHIPS 虽然为城镇住户调查数据，但是部分居民具有"新型农村合作医疗保险"。具有"新农合"保险个体具体包括四种情况：本市/县非农户口包括 121 人，外地非农户口包括 1 人，本市/县农业户口包括 53 人，外地农业户口包括 28 人。其中，前两种情况为"农转非"居民。因此本部分的实证分析包括 203 名参加"新农合"的个体和 2183 名未参加任何医疗保险的个体，总样本量为 2386 个。

表 5－9 为"新农合"的总医疗支出和自付医疗支出平均处理效应，图 5－10 和图 5－11 为其分布情况。我们发现，"新农合"对总医疗支出的效应并不显著，但是却可以显著降低其实际医疗支出。图 5－10 显示，

表 5－9　"新农合"医疗支出平均处理效应

变量	均值（元）	标准差（元）	最小值（元）	最大值（元）	样本量（个）
总医疗支出平均处理效应	197.7289	（411.3）	－323.6086	3131.513	2386
自付医疗支出平均处理效应	－101.7921	（37.86）	－373.2816	－53.82642	2386

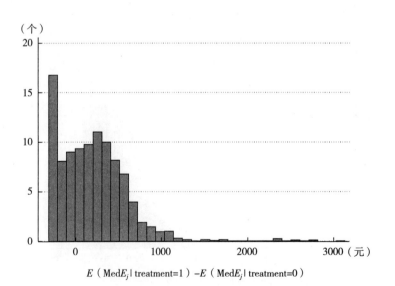

$E\left(\mathrm{Med}E_j \mid \text{treatment=1}\right) - E\left(\mathrm{Med}E_j \mid \text{treatment=0}\right)$

图 5－10　总医疗支出平均处理效应分布（新农合）

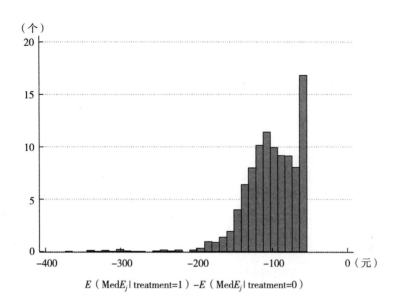

E（$MedE_j$｜treatment=1）$-E$（$MedE_j$｜treatment=0）

图 5 - 11　自付医疗支出平均处理效应分布（新农合）

大部分"新农合"的总医疗支出效应集中在 0 附近，但是图 5 - 11 显示的自付医疗支出效应却集中在 - 100 附近。可能的原因有三个：①"新农合"确实能降低居民实际医疗支出；②"新农合"在城镇报销比例较小甚至不能报销，此时参保者必然会减少不必要的医疗项目开支，从而降低医疗费用；③处理组的个体包括"农转非"人员和具有农业户口但是在城镇就业的人员，控制组中绝大部分为本市/县非农户口人员（2183 名非参保人员中包括 1916 名"本市/县非农户口"人员、96 名"外地非农户口"人员、48 名"本市/县农业户口"人员和 111 名"外地农业户口"人员），后者虽然未参保，但是城镇居民平均收入相对较高，医疗支出随之升高。因此，与处理组相比较，控制组的医疗支出较高，导致本研究处理组自付医疗支出的处理效应显著为负。

四、本章小结

本章基于处理效应模型采用 2007 年 CHIPS 城镇家庭调查横截面数据，以个人为单位，分析 CHIPS 数据中包含的 3 类医疗保险（公费医疗或统筹、商业医疗保险、新型农村合作医疗）对 2007 年全年个人医疗现金总支出和个人实际支付费用的影响。

"公费医疗或统筹"的平均总医疗支出效应为 305.7 元，且统计学意义上显著，自付医疗支出效应为 -153.4 元，但统计学意义上不显著。从分布情况来看自付医疗支出的处理效应处于 -500 ~ 0 元之间，因此，该险种确实起到了减轻城镇居民医疗负担的作用。

"商业医疗保险"的平均总医疗支出效应为 352.8 元，统计学意义上不显著，但从处理效应分布来看，大部分处理效应集中在 200 ~ 800 元。其平均自付医疗支出效应为 23.0 元，统计学意义上不显著，大部分自付医疗支出处理效应集中在 -200 ~ 200 元。

以上两种保险都对总医疗支出具有正效应，主要的原因可能包含两个：①由于自付医疗支出的降低，居民会增加有效医疗需求，从而促进医疗消费和健康提升；②对于患者可以报销的检查项目或者药物，医生可以在不增加患者经济负担的情况下增加其使用量，从而增加总医疗支出，浪费国家资源。

"新农合"的平均总医疗支出效应为 197.7 元，但统计学意义上不显著，该处理效应的分布主要集中在 -400 ~ 1000 元。其自付医疗支出效应为 -101.8 元，且统计学意义上显著，该处理效应主要分布在 -200 ~ -50 元。可能的原因是：①"新农合"确实具有减轻居民医疗负担的作用；②报销比例较低或者不能报销使参保者主动减少不必要医疗开支进而降低医疗费用；③处理组主要包含的是医疗支出较高的城镇居民，从而导致显著负自付医疗支出处理效应。

第六章

社会保障制度改革的处理效应评价
——基于 HCW 方法的实证分析

一、社会保障支出对经济增长的影响机理

　　20 世纪 80 年代兴起的新经济增长理论，在分析经济增长时将人力资本和技术进步内生化，认为物质资本积累并不是经济增长的源泉，经济增长主要取决于人力资本积累和技术进步等因素。这一观点为我们研究社会保障和经济增长之间的关系打开了新的思路。在 Romer（1986）和 Lucas（1988）关于经济增长中人力资本作用的经典文章发表之后，经济学家们纷纷从人力资本积累的角度来探讨社会保障对经济增长的影响，分析社会保障的引入通过个人预算约束是如何影响人们对人力资本水平的选择的，从而对经济增长产生根本性的影响（别朝霞，2004）。

　　由美国经济学家西奥多·舒尔茨和加里·贝克尔提出的现代人力资本理论认为，人力资本是体现在具有劳动能力（现实和潜在）的人身上的、以劳动者的数量和质量（即知识、技能、经验、体质和健康）所表示的资本。其中，人力资本的数量取决于生育率、劳动参与率与退休决策等变

量，人力资本质量可以通过家庭、企业和国家人力资本投资获得。

长期以来，理论界关于社会保障与经济增长关系问题的讨论一直争论不断，特别是 20 世纪 70 年代以来，西方主要发达国家出现了人口老龄化加剧、政府财政负担过重和经济增长乏力等现象，有关社会保障与经济增长之间关系的讨论更加激烈。按照研究视角、分析工具和政策主张的不同，可将社会保障对经济增长的研究划分为新古典学派和新增长学派两个派别（张盈华和杜跃平，2009）。下面将基于各学派学者的观点和中国的实际情况探讨中国社会保障制度对经济增长的作用机理。

（一）社会保障—物质资本—经济增长

早期关于社会保障对经济增长作用的研究主要沿袭了新古典增长理论的思想。新古典学派认为，物质资本是经济增长的源泉，而物质资本积累取决于储蓄率，因此，一国经济增长的快慢取决于该国储蓄率的高低。而现收现付制和基金制社会保障①由于其运行机制不同，对储蓄率和资本积累会产生不同的影响（别朝霞，2004）。

1. 现收现付制社会保障对物质资本和经济增长的影响

由 Samuelson（1958）提出、Diamond（1965）扩展而来的以微观经济为基础的世代交叠模型（Overlapping Generations Model，OLG）可以推导出，在现收现付制下，社会保障的贡献会减少私人储蓄。Feldstein（1974）开创性地将生命周期理论引入社会保障问题的分析中，研究养老保险的储蓄效应。他最早明确提出养老保险的"挤出效应"，认为社会保险通过两个方向相反的力量影响个人储蓄行为：一个是"财富置换效应"（Wealth

---

① 社会保障制度按筹资方式基本上可分为现收现付制（Pay – As – You – Go or Unfunded System）和基金制（Funded System）两种类型。现收现付模式下，政府向当前的就业者征收社会保障税或费，用于支付已经退休老年人的养老金。基金模式下，年轻人从参加工作开始，由企业和雇员按照其工资的一定比例交纳保险费，记入雇员的个人账户形成长期的基金积累，由专门的资产管理机构对基金进行运作，待雇员退休后，从其个人账户中领取养老金。Feldstein（1998）认为，在人口结构合理的情况下，现收现付制的养老保险制度能够满足老年人的养老资金需求，但随着人口老龄化的不断加剧，基金制的养老保险制度比现收现付制度更合理。

Replacement Effect），另一个是"引致退休效应"（Induced Retirement Effect）。个人储蓄的净效应取决于这两种效应力量的对比。如果"财富置换效应"高于"引致退休效应"，储蓄水平会降低，导致投资与物质资本形成缓慢，进而影响到一国的经济增长速度。相反，如果"引致退休效应"较大，则会提高储蓄水平，有助于经济增长。他基于美国 1929～1971 年（不包括 1941～1946 年）的总和数据研究发现，美国现收现付制的社会保障制度对私人储蓄有"挤出效应"，可使私人储蓄减少 30%～50%，对经济增长造成负面冲击。但是"挤出效应"理论一直以来都在遭受质疑，比如，以 Barro（1974）为代表的经济学家认为个人效应函数除包括消费之外，还应该包含下一代人的效用等因素，即除了满足自身的消费需求外，还要对下一代进行遗赠，通过增加下一代的福利来增加自身的福利。因此，Barro（1974）将父母利他主义动机和代际间收入转移机制引入世代交叠模型，认为父母会为了弥补下一代人因缴纳社会保障税造成的福利损失而增加储蓄并以遗产的方式留给子女，因此民间的物质积累不变，现收现付的养老保险制度对当期消费、总需求及储蓄没有影响，对经济的影响是"中性"的。但是现实生活中，父母若收入较低则遗赠动机无法实现，他们可能会选择增加储蓄来预防各种不测，但是社会保障制度的建立会减轻父母对未来生活的忧虑，从而减少储蓄。当这种遗赠动机无法实现时，社会保障对储蓄的影响是负的。Laitner（1988）在 Barro（1974）的模型基础上，进一步考虑了当父母为下一代考虑并给予遗赠时，子女也为父母考虑并有赡养父母行为，此时社会保障对物质资本积累和经济增长具有促进作用。Leland（1968）认为，人们会因为信贷市场的不完善而无法通过信贷来调整消费以获得各阶段效用最大化，此时人们会增加预防性储蓄以预防这种流动性约束，因此预防性储蓄削弱了社会保障对个人储蓄的挤出效应。同时，人们还需要为生病、伤残和收入降低等意外事件进行额外储蓄。因此，现收现付制不能完全挤出个人储蓄，即预防性储蓄会削弱现收现付制对储蓄的挤出效应。

以上分析的假定是劳动力外生，并没有考虑内生经济增长以及养老保险制度对人力资本和生育率的影响，此时储蓄或者物质资本的形成是决定经济增长的决定性因素。但现实中，经济增长具有内生性，劳动力不可能是外生的。20世纪80年代兴起的新经济增长理论认为物质资本积累并不是经济增长的源泉，提出经济的长期增长取决于收益递增、技术进步、知识外溢以及人力资本积累等因素的观点。基于Romer（1986）和Lucas（1988）在内生经济增长方面所做的开创性研究，经济学家在此后的研究中不仅研究现收现付制对物质资本的影响，更重要的是考虑人力资本投资下的现收现付制对经济增长的影响。微观主体的生育决策通常都受众多经济因素的影响，这些决策不仅会影响他们的消费储蓄行为，而且也会影响经济中劳动力的数量和质量。Becker和Barro（1988）通过构建隔代父母的动态效用函数将生育率内生化，认为社会保障规模扩大或养老金水平提高意味着子女未来的税负增加以及实际得到的工资降低，从而造成父母抚养子女净成本上升，最优生育率减少。生育率下降意味着物质资本水平或者不变或者提高，有助于经济增长。

因此，整体来说，现收现付制养老保险对于储蓄在一定程度上有"挤出效应"，但是人力资本、遗赠动机、预防性储蓄、流动性约束以及生育决策等因素会在一定程度上削弱该"挤出效应"，导致储蓄的降低小于"财富替代效应"。实证研究方面，由于各国国情、计量方法、样本等差异，目前并未得出一致的结论。

2. 基金制社会保障对物质资本和经济增长的影响

20世纪80年代以来，全球人口老龄化日益严重，现收现付制管理模式下社会保障基金支出日益增加，给各国政府财政支出带来了财务危机。在以智利为代表的拉美国家和以新加坡为代表的东南亚国家实施基金制取得一定成绩后，关于基金制改革的呼声越来越高，部分国家更是付诸实施，将现收现付制修改为部分基金制。随之而来的是理论界对基金制经济效应的广泛讨论与研究（张盈华，2008）。

许多学者认为，现收现付制和基金制在制度效率和抗风险能力方面各有优劣，适用情景不同。由于世界上大多数国家在过去很长时间内都以现收现付制公共养老金为主导，政府再分配范畴很大，这不仅造成了养老金制度不公平，财务可持续性差，也损害了经济发展（袁铎珍，2018）。与现收现付制相比，基金制具有强迫人们储蓄的功能，因此私人储蓄和资本积累会相应增加，这可以保障经济增长所需的物质基础，提高经济增长的速度。由于预防性储蓄和流动性约束的制约，社会保障的强制储蓄不能完全替代个人储蓄，个人生命周期的总储蓄增加，可以增加用于投资的资本存量。但该观点同样遭到质疑，Mitchell（1996）和Coronado（1997）指出，现收现付制向基金制的改革必将改变家庭面临的风险以及对未来财富的预期，从而引起家庭储蓄的变动。一方面，基金制可以消除政府频繁干预社会保障规则而使家庭面临的政治风险，从而使家庭选择减少私人储蓄；另一方面，基金制特有的通货膨胀风险、收入不确定风险、市场风险等会使家庭未来财富面临较高的不确定性，这又会迫使家庭增加储蓄以备不测。因此，家庭储蓄的变动取决于以上两种力量的共同作用。Davis（1998）在对12个OECD国家、智利及新加坡的养老保险基金进行研究后，并没有发现养老保险基金对个人储蓄影响的规律性，各国具体情况的差异导致影响效果的不同。即使基金制可以在某种程度上增加国民储蓄率，但通过社会保障增加的强制性储蓄是否可以带来经济增长还取决于传导机制是否通畅，即"储蓄—投资"转化率和"资本—产出"弹性。至今没有证据表明养老金年金储蓄的增长与投资增长是高度相关的；也没有证据表明，退休金的管理机构会比其他机构做出更加有效的资本配置，相反由于对养老保险基金投资的种种限制，投资效率可能更低（张盈华和杜跃平，2009）。因此，基金制也未必能提高储蓄率促进经济增长。

1997年，《国务院关于建立统一的企业职工基本养老保险制度的规定》标志着中国养老保险制度从完全的现收现付制向社会统筹与个人账户相结合的部分积累制转轨，基本明确了以部分个人积累制作为我国基本养老保险制度，即社会统筹和个人账户相结合的社会保障制度。其社会统筹部分养老金的缴纳和权益享受与现收现付制相同，个人账户部分的养老金的缴纳和权益享受与积累制相同。而部分积累制对储蓄或者物质资本的作用取决于上述现收现付制和基金制的共同作用,已有的实证研究在社会保障对储蓄或物质资本的影响这一问题上并没有达成一致意见。但是人们却越来越一致地认识到,经济增长并不仅仅依靠物质资本,许多资源匮乏国家的高速经济增长被证实是人力资本积累的结果。因为人力资本是一种重要的生产要素,增加人力资本投入毫无疑问会提高产出。同时,人力资本也是一种特殊的生产要素,人力资本会通过其效率作用于物质资本和其他生产要素,提高其边际产量,消除边际收益率下降的趋势,从而提高经济增长率(尹典,2017)。

(二)社会保障—人力资本—经济增长

伴随20世纪80年代新经济增长理论的兴起,人力资本和技术进步被奉为经济增长的持续动力,这也为社会保障的经济增长效应研究打开了新的思路。在 Romer(1986)和 Lucas(1988)关于人力资本在经济增长中作用的经典文章出现后,经济学家们纷纷从人力资本积累的角度来探讨社会保障对经济增长的影响,探讨个人预算约束如何因社会保障的引入而变化,从而选择不同的人力资本水平,进而对经济增长产生深远的影响。根据新增长学派的观点,人力资本的提高与改善,是由人力资本的数量和质量的转变得以实现的。

通常情况下,教育是人力资本形成的重要源泉,教育投资越多,人力资本积累水平就越高;反之,人力资本积累水平就越低。教育投资的来源包括父母和政府的公共教育支出。父母对子女的教育投资决策和父母的生育决策一样都是遵循父母终身效用最大化的原则;而政府用在公共教育上的支出取决于教育产品的外部性及公众对教育政策的偏好,符合公共效用最大化原则。

1. 父母对子女人力资本数量及质量的选择

父母对子女人力资本的选择包括两部分,即子女数量和子女人力资本质量。Becker、Murphy 和 Tamura(1990)认为,对于非利他主义父母,社会保障制度为国家供养而非子女供养,子女对于父母的重要性降低,此时为了实现自身效用最大化，父母会降低孩子数量。Ehrlich 和 Kim（2007）基于 57 个国家 32 年数据分析现收现付制社会保障对生育率的影响，结果表明，随着养老待遇水平的提高和现收现付制缴费率的上升，不仅生育率下降，而且净结婚率也在下降。他们认为，现收现付制是导致这些国家尤其是 OECD 国家生育率下降的一个重要因素。Barro 和 Becker（1988）指出，现收现付制的养老保险制度条件下，如果父母倾向于"优生优育"，他们会加大对子女的人力资本投资，使得他们在未来的工作中获得较高的收入，从而提高生活质量。Zhang（1995）基于内生增长模型分析社会保障对人均收入稳态增长率影响时发现，当利他主义父母遗赠为正时，现收现付制社会保障可以通过降低生育率和增加人力资本投资而推动经济更快地增长，因为利他主义父母为了减轻子女税收负担会考虑多为孩子留遗产，因此会减少子女数量，同时增加子女人力资本投资以期子女未来有更高的收入；而基金制的养老保险对个人的生育决策和人力资本投资决策不产生任何影响。汪伟（2016）通过构建双向代际转移的三期世代交替模型研究了人口老龄化对中国家庭储蓄、人力资本投资决策与经济增长的影响。研究结论认为通过单独二孩与全面二孩政策调整后，如果生育率能够上升到 [1.5，1.9] 的区间内，将有利于经济增长，如果生育率过度反弹，则不利于经济增长。因此已有研究表明，尽管社会保障税可以减少家庭税后收入，间接降低抚养子女的机会成本，但利他主义父母往往选择提高子女质量而非数量，从而使生育率下降，有利于经济增长，发达国家的相关实证研究也可以证明这一点。

2. 退休决策

新古典经济学从个人退休决策出发来解释社会保障对劳动力供给的影响。提前退休现象在 OECD 国家很普遍，而退休年龄降低会加大赡养率，对现收现付的社会保障财务造成冲击。Gruber 和 Wise（1999）分析了比利时、加拿大、法国、德国、意大利、日本、荷兰、西班牙、瑞典、英国和美国 11 个国家 1960～1996 年为 60～64 岁男性劳动参与率的情况。在 20世纪 60 年代早期，每个国家 60～64 岁男性劳动参与率都大于 70% 甚至大于 80%，但是到 20 世纪 90 年代中期，比利时、意大利、法国和荷兰的劳动参与率降至 20% 以下，德国和西班牙分别降至约 35% 和 40%，美国劳动参与率从 82% 降至 53%，降速相对比较温和；瑞典也降至 57%；日本从 83% 降至 75%，为 11 个国家降幅最小者。Herbertsson 和 Orszag（2001）认为，虽然 20 世纪大部分时间里工业化国家人口的预期寿命在增长，但是退休年龄在稳步下降。在 13 个 OECD 国家里，55～64 岁男性工作者的雇佣率在 1979～1998 年平均降低了 12 个百分点，作者还测算出提前退休使 OECD 国家每年 GDP 下降 5%～7%。提前退休会削弱劳动力供给，不利于经济增长，那么社会保障是否是提前退休的影响因素？学者的研究结论主要有两种：①社会保障制度促进提前退休，主要原因是养老保险制度强制地将部分年轻时的收入转移到退休后，因此老年人可以更多地消费闲暇，从而选择提前退休。Feldstein（1974）在分析社会保障对储蓄影响时认为，社会保障具有强制储蓄效应，相当于给个体提供一种未来收入的保障，因此社会保障具有促使人们提前退休的引致退休效应。Blondal 和 Scarpetta（1998）基于 15 个 OECD 国家 1961～1995 年数据，发现社会保障会促使工人提前退休，并且不同国家保障制度的不同特征是各国劳动率差异的重要原因。Fischer 和 Sousa - Poza（2009）利用 2005 年"欧洲健康、老龄化与退休调查"（Survey of Health，Aging and Retirement in Europe，SHARE）数据选取了 10 个欧洲国家（包括奥地利、丹麦、法国、德国、希腊、意大利、荷兰、西班牙、瑞典和瑞士）22000 个个体分析养老金计划对提前退休决策的影响。结果表明养老金的慷慨会引致提前退休，1967～2004 年平均替代率的变化和财富利息（或称为隐性税率）的降低导致提前退休的可能性从 1967 年的 16% 增至 2004 年的 63%。刘丹和卢洪友（2017）认为，虽然大多数农民不会面临退休，但是也会基于将来失去劳动能力及更长久的寿命考虑来增加储蓄，所以退休效应依然存在。对于我国东部地区收入水平相对较高的农民而言，退休效应较强，而中西部地区的财富效应较大。②社会保障制度抑制提前退休。退休决策是接近退休的个体在评估养老金收益的效用和未来工资的效用后，按照一生效用最大化原则做出的决定，如果社会保障制度对受益资格做出规定，比如全额养老金的最低缴费年限等，这会在一定程度上抑制个体在最低领取养老金的年龄到来之前退休。林忠晶和龚六堂（2007）利用养老金的缴纳费率和养老金替代率代表社会保障制度，采用有限生命预期的连续时间状态代际交叠模型作为基本框架，研究了社会保障制度对退休年龄的影响。作者发现，当养老金替代率增加时，并不会促使个体消费者提前退休，而且增加养老金的缴费率时，个体消费者会选择推迟退休。③社会保障不对退休年龄造成影响。Kotlikoff（1979）认为，社会保障和私人储蓄是一对一的完全替代关系，因此社会保障不会对个体消费者退休年龄造成影响。因此，实证研究对社会保障与提前退休关系的问题并没有达成一致意见。

3. 政府对于人力资本投资的选择

人力资本形成的另一个途径是政府对公共教育的投资。政府支出包括生产性和非生产性支出，其中政府用于公共教育和社会保障等的投资属于非生产性支出。但是政府每年财政预算有限，增加一方面公共支出的比例必然会减少另一方面公共财政支出的比例。在现收现付的社会保障制度下，当期工资与养老金数量挂钩，这并不会影响当年的财政收支平衡，政府可以将更多的资金用于教育支出，提高人力资本投资，提高全社会生产效率。而在基金制社会保障制度下，个体的养老金数量主要取决于他本人过去的储蓄以及基金运作的表现，并不会因为下一代人资本水平提高带来的教育收益率的增加而增加，因此他们希望政府能够将更多的预算投入到社会保障体系中来，这将会导致政府对教育领域的公共支出减少，不利于人力资本投资。Kaganovich 和 Zilcha（1999）在世代交叠框架下分析了政府在将税收分配给老年人社会保障支出和年轻人教育支出中的作用，以及这两种支出对经济增长和个体福利状况的长期影响。他们发现，当父母强烈关心自己的退休生活并对子女抱有强烈的利他主义动机时，现收现付制是必要的，而且它确实可以加快经济增长速度并提高个人福利。若子女的福利状况取决于人力资本，父母效用函数取决于自身消费及子女当期的人力资本回报，此时父母考虑到退休后的福利状况必然会增加对子女教育的投资，此时政府给予家庭的教育补助就会起到积极的作用。此外，在作者的分析框架下，较高的教育投资将提高未来经济总产出和社会保障福利，因此政府为了最大化经济长期增长率和长期福利水平，可以将更多的税收分配给教育投资，养老保障支出就没有存在的必要。Bellettini 和 Ceroni（1999）基于代际交叠的内生增长模型分析社会保障、公共投资和经济增长的共同决定。他们指出，只有与工资指数挂钩的现收现付制养老保障才会激发个体对公共基础设施投资的热情，从而对该国基础设施建设投资和教育投入等方面产生积极作用。

经济增长的两个重要促进因素分别是政府的公共支出和人力资本，转移支付（包含养老制度在内）则可以缓和社会矛盾并进一步博得民众对政府政策的支持。然而有限的财政预算使得政府必须对各种财政支出做出抉择。现收现付制下当期工资与养老金数量挂钩，可消除政府在各种支出之间难以抉择的困境，因为当期工资越高意味着养老金数量越多。政府将税收资源用于公共支出将提高整个社会的产出水平。而在基金制下，退休人员无法享受未来生产率提高带来的福利，人们便缺乏激励去支持政府投资于除养老保障以外的计划，从而拖累整个社会的生产效率的提高。

因此，在人力资本形成过程中，社会保障不同筹资方式的作用是显著不同的，多数经济学家偏向于现收现付制。

二、HCW面板数据处理效应评价方法

（一）HCW 方法的主要思想

利用非实验数据评估政策实施效应的难点之一是不能同时得到政策干预个体在政策干预和政策缺失状态下相关变量的值，此时经济学家们通过

构建"反事实"状态求得政策干预个体在政策缺失状态下相关变量（如经济增长）的"反事实"值，真实值与"反事实"值之差即为处理效应。此时若使用传统的计量模型构建"反事实"状态，则困难重重。

（1）现实问题很可能缺少与之对应的经济理论，而此时建立新模型的工作相当复杂，比如，分析 2003 年"非典"对中国经济的影响，必须清楚两者之间的传导机制及其通畅性，而这必将涉及众多经济变量及它们之间错综复杂的关系，因此客观准确地完成此项任务非常困难。

（2）即使存在与之相对应的模型或者已经建立新模型，该模型也不可能涵盖所有影响因素，主要影响因素以外的变量或者不可观测的变量都被放入干扰项以简化模型，但却引入内生性、相关性等一系列问题，可能导致模型估计的不一致性和有偏性。

（3）传统计量模型必须满足某些假设和约束条件，而现实中的数据是否会满足这些假设和约束条件必须经过检验后才能确定。比如，面板数据应检验 ε_{it} 的自相关和异方差情形，但宏观数据往往时间跨度较短，即 T 较小，而 n 较大，此时扰动项 ε_{it} 的自相关性无法讨论，只能假设其为独立同分布，这可能导致估计结果有偏或不一致。

Hsiao 等（2012）发展的 HCW 方法基于"反事实"框架分析宏观政策处理效应，不仅克服了传统计量方法在估算过程中遇到的困难，而且数据可获得性较强、测算过程简单明了。Hsiao 等（2012）认为，经济中存在某些公共因子共同驱动截面上的个体，比如影响第一产业经济增长的公因子（技术进步、物质资本、人力资本等）在我国各省（市、自治区）范围内存在共性，尽管这些公因子可能对各省（市、自治区）经济增长的驱动程度不同，但是它们的存在使得各省（市、自治区）之间的经济增长具有相关性。而这种相关性使得利用控制组个体（未被政策干预的个体）对应的第一产业经济增长的数值预测处理组个体（被干预个体）在政策缺失状态下第一产业经济增长的值（即"反事实"值）成为可能。

（二）HCW 方法的理论模型

假定 y_{it}^0 为第 i 个个体在时间 t 政策缺失状态下 y 的值，由因子模型（6-1）

生成：

$$y_{it}^0 = \alpha_i + \boldsymbol{b}_i' \boldsymbol{f}_t + \varepsilon_{it} \quad i = 1,\ \cdots,\ N,\ t = 1,\ \cdots,\ T \tag{6-1}$$

其中，α_i 为个体固定效应，$\boldsymbol{f}_t$ 代表 $K \times 1$ 阶随时间变化（不可观测）的公共因子向量，$\boldsymbol{b}_i$ 为 $1 \times K$ 阶随个体 i 而变化的常系数向量，ε_{it} 为干扰项，且 $E(\varepsilon_{it}) = 0$。

将式（6-1）写成矩阵形式：

$$\boldsymbol{y}_t^0 = \boldsymbol{\alpha} + \boldsymbol{B} \boldsymbol{f}_t + \boldsymbol{\varepsilon}_t \quad i = 1,\ \cdots,\ N,\ t = 1,\ \cdots,\ T \tag{6-2}$$

其中，$\boldsymbol{y}_t^0 = (y_{1t}^0,\ \cdots,\ y_{Nt}^0)'$，$\boldsymbol{\alpha} = (\alpha_1,\ \cdots,\ \alpha_N)'$，$\boldsymbol{\varepsilon}_t = (\varepsilon_{1t},\ \cdots,\ \varepsilon_{Nt})'$，$\boldsymbol{B} = (\boldsymbol{b}_1,\ \cdots,\ \boldsymbol{b}_N)'$ 为 $N \times K$ 阶因子载荷矩阵。以上方程需满足以下假设条件。

假设 1：$\|\boldsymbol{b}_i\| = c < \infty \quad i = 1,\ \cdots,\ N$。

假设 2：$\boldsymbol{\varepsilon}_t$ 为平稳序列，且 $E(\boldsymbol{\varepsilon}_t) = 0$，$E(\boldsymbol{\varepsilon}_t \boldsymbol{\varepsilon}_t') = \boldsymbol{V}$，其中 $\boldsymbol{V}$ 为常对角矩阵。

假设 3：$E(\boldsymbol{\varepsilon}_t \boldsymbol{f}_t') = \boldsymbol{0}$。

假设 4：$R(\boldsymbol{B}) = K$。

备注 1：式（6-1）假定 y_{it}^0 由两部分组成，一是驱动所有横截面个体的时变公共因子 $\boldsymbol{f}_t$ 的函数，二是由个体固定效应 α_i 和干扰项 ε_{it} 组成的个体异质部分。假定个体异质部分不相关，则个体间的相关性就归因于共同因子 $\boldsymbol{f}_t$，且 $\boldsymbol{f}_t$ 对不同个体的影响可以不同，即允许 $\boldsymbol{b}_i \neq \boldsymbol{b}_j$。

备注 2：以上假设并没有对 $\boldsymbol{f}_t$ 的时间序列特征作出假定，$\boldsymbol{f}_t$ 可以是非平稳序列，也可以是平稳序列，此时 $\dfrac{1}{T} \sum\limits_{t=1}^{T} \|\boldsymbol{f}_t\| = $ 常数。

备注 3：假设 4 表明可观测的横截面个体数量（N）应大于 $\boldsymbol{f}_t$ 中包含的时变公共因子个数。Sargent 和 Sims（1977）、Giannone 等（2005）、Stock 和 Watson（2005）以及 Onatski（2009）都已经证明少数公共因子可以解释宏观数据的大部分变动，因此该假设合理。

令 y_{it}^1 为第 i 个个体在时间 t 受政策干预时的结果，则个体 i 在 t 时刻的处理效应可以表示为：

$$\Delta_{it} = y_{it}^1 - y_{it}^0 \qquad\qquad (6-3)$$

然而，y_{it}^1 和 y_{it}^0 不可能同时被观测到，因此，观测到的结果可以表示为：

$$y_{it} = d_{it} y_{it}^1 + (1 - d_{it}) y_{it}^0 \qquad\qquad (6-4)$$

其中，$d_{it} = 1$ 代表第 i 个个体在时间 t 受到政策干预，$d_{it} = 0$ 表示未受到干预。

令 $\boldsymbol{y}_t = (y_{1t}, \cdots, y_{Nt})'$，并假设在时间 T_1 前不存在政策干预，则

$$\boldsymbol{y}_t = \boldsymbol{y}_t^0 \quad t = 1, \cdots, T_1 \qquad\qquad (6-5)$$

假设在时间 $T_1 + 1$ 对第 i 个个体进行政策干预，不失一般性，假设只对第 1 个个体从 $T_1 + 1$ 时刻进行政策干预，则

$$y_{1t} = y_{1t}^1 \quad t = T_1 + 1, \cdots, T$$

假设其他个体并没有受到与个体 1 相同的政策干预，则

$$y_{it} = y_{it}^0 \quad i = 2, \cdots, N, \ t = T_1 + 1, \cdots, T$$

至此，只需求出 y_{1t}^0（$t = T_1 + 1, \cdots, T$），便可求得处理效应。

假设 5：$E(\varepsilon_{js} \mid d_{it}) = 0 \quad \text{for } j \neq i \qquad\qquad (6-6)$

该假设的含义为：第 i 个个体在第 t 个时刻是否受到政策干预不会对除 i 以外的第 j 个个体造成冲击，但是该假设并没有对 d_{it} 和 ε_{it} 之间做出规定。因此，本假设可以理解为个体 i 是否接受政策干预对其他个体的个体异质部分不产生影响，这是应用 HCW 方法的关键性假设。

在满足假设 1～假设 5 的条件下，如果 α_1、b_1 和 $\boldsymbol{f}_t$ 可以识别，y_{1t}^0 可以由公式 $\hat{y}_{1t}^0 = a_1 + \boldsymbol{b}_1' \boldsymbol{f}_t$（$t = T_1 + 1, \cdots, T$）预测，但是对于宏观数据来讲，通常政策执行后的时间序列（T）较短，而且参照截面数量（N）较少，此时 α_1、b_1 和 $\boldsymbol{f}_t$ 无法识别。Hsiao 等（2012）认为，由于面板系统各截面公共因子的存在，各截面之间相互依赖，并从理论上证明可以用 $\tilde{\boldsymbol{y}}_t = (y_{2t}, \cdots, y_{Nt})'$ 来代替 $\boldsymbol{f}_t$ 预测 y_{1t}^0。

假设 $\boldsymbol{w}' = (1, -\tilde{\boldsymbol{w}}')$ 为因子载荷矩阵 $\boldsymbol{B}$ 零空间 $N(\boldsymbol{B})$ 内的列向量，其中 $\tilde{\boldsymbol{w}}'$ 为 $1 \times (N-1)$ 阶向量，则 $\boldsymbol{w}' \boldsymbol{B} = \boldsymbol{0}'$，且

$$y_{1t}^0 = \bar{\alpha} + \tilde{\boldsymbol{w}}' \tilde{\boldsymbol{y}}_t + \varepsilon_{1t} - \tilde{\boldsymbol{w}}' \tilde{\boldsymbol{\varepsilon}}_t \qquad\qquad (6-7)$$

其中，$\overline{\alpha} = \boldsymbol{w}'\boldsymbol{\alpha}$，$\tilde{\boldsymbol{y}}_t = (y_{2t}, \cdots, y_{Nt})'$，$\tilde{\boldsymbol{\varepsilon}}_t = (\varepsilon_{2t}, \cdots, \varepsilon_{Nt})'$。

对于任意 $\boldsymbol{w} \in N(\boldsymbol{B})$，有：

$$y_{1t}^0 = E(y_{1t}^0 \mid \tilde{\boldsymbol{y}}_t) + \mu_{1t} \tag{6-8}$$

其中，

$$E(y_{1t}^0 \mid \tilde{\boldsymbol{y}}_t) = \overline{\alpha} + \tilde{\boldsymbol{w}}'\tilde{\boldsymbol{y}}_t + E(\varepsilon_{1t} \mid \tilde{\boldsymbol{y}}_t) - E(\tilde{\boldsymbol{w}}'\tilde{\boldsymbol{\varepsilon}}_t \mid \tilde{\boldsymbol{y}}_t)$$

$$= \overline{\alpha} + \boldsymbol{\beta}'\tilde{\boldsymbol{y}}_t \tag{6-9}$$

$$\boldsymbol{\beta}' = \tilde{\boldsymbol{w}}'(\boldsymbol{I}_{N-1} - \mathrm{cov}(\tilde{\boldsymbol{\varepsilon}}_t, \tilde{\boldsymbol{y}}_t)\mathrm{var}(\tilde{\boldsymbol{y}}_t)^{-1}) \tag{6-10}$$

$$\mu_{1t} = \boldsymbol{w}'\boldsymbol{\varepsilon}_t + \tilde{\boldsymbol{w}}'[\mathrm{cov}(\tilde{\boldsymbol{\varepsilon}}_t, \tilde{\boldsymbol{y}}_t)\mathrm{var}(\tilde{\boldsymbol{y}}_t)^{-1}]\tilde{\boldsymbol{y}}_t \tag{6-11}$$

var（·）和 cov（·）分别代表长期方差和协方差。对于满足 $\boldsymbol{w} \in N(\boldsymbol{B})$，$\tilde{\boldsymbol{y}}_t$ 给定条件下 y_{1t}^0 的方差可以表示为：

$$\mathrm{var}(y_{1t}^0 \mid \tilde{\boldsymbol{y}}_t) = \mathrm{var}(\varepsilon_{1t}) + \tilde{\boldsymbol{w}}'[\mathrm{var}(\tilde{\boldsymbol{\varepsilon}}_t) - \mathrm{cov}(\tilde{\boldsymbol{\varepsilon}}_t, \tilde{\boldsymbol{y}}_t)\mathrm{var}(\tilde{\boldsymbol{y}}_t)^{-1}$$
$$\mathrm{cov}(\tilde{\boldsymbol{y}}_t, \tilde{\boldsymbol{\varepsilon}}_t)]\tilde{\boldsymbol{w}} \tag{6-12}$$

可以看出，对于任意 $\boldsymbol{w} \in N(\boldsymbol{B})$，$(\overline{\alpha}, \boldsymbol{\beta})$ 取值取决于 $\boldsymbol{w}$。Hsiao 等（2012）表明，当 N 和 T 给定，$T_1 \to \infty$ 时，如果我们选择 $\boldsymbol{\beta}$ 使式（6-13）最小化，

$$\frac{1}{T_1}(\boldsymbol{y}_1^0 - \boldsymbol{e}\overline{\alpha} - \boldsymbol{Y}\boldsymbol{\beta})'\boldsymbol{A}(\boldsymbol{y}_1^0 - \boldsymbol{e}\overline{\alpha} - \boldsymbol{Y}\boldsymbol{\beta}) \tag{6-13}$$

其中，$\boldsymbol{y}_1^0 = (y_{1,1}, \cdots, y_{1,T_1})$，$\boldsymbol{e}$ 为 $T_1 \times 1$ 阶 1 向量，$\boldsymbol{Y}$ 为由 T_1 个 (y_t') 组成的 $T_1 \times (N-1)$ 阶矩阵，$\boldsymbol{A}$ 为 $T_1 \times T_1$ 阶正定矩阵，则式（6-13）的解 $(\hat{\overline{\alpha}}, \hat{\boldsymbol{\beta}}')$ 将会收敛于 $(\overline{\alpha}, \boldsymbol{\beta}')$。当 $\boldsymbol{A} = \boldsymbol{I}$ 时，目标变为当 $\tilde{\boldsymbol{y}}_t$ 给定情况下 y_{1t}^0 的最小方差。

因此，可以通过式（6-14）预测 y_{1t}^0：

$$\hat{y}_{1t}^0 = \hat{\overline{\alpha}} + \hat{\boldsymbol{\beta}}'\tilde{\boldsymbol{y}}_t \tag{6-14}$$

$$\hat{\Delta}_{1t} = y_{1t} - \hat{y}_{1t}^0 \quad t = T_1 + 1, \cdots, T \tag{6-15}$$

令 $\boldsymbol{Y}_t' = (\tilde{\boldsymbol{y}}_1, \cdots, \tilde{\boldsymbol{y}}_t)$，Hsiao 等（2012）表明：

$$E(\hat{\Delta}_{1t} \mid \boldsymbol{Y}'_{T_1}, \tilde{\boldsymbol{y}}_t) = \Delta_{1t} \quad t = T_1 + 1, \cdots, T \tag{6-16}$$

因此，按照传统方法预测"反事实"值 y_{1t}^0 需要识别 α_1、b_1、$\boldsymbol{f}_t$ 和 ε_{1t}，

但是式（6-14）表明f_t提供的信息可以被$\tilde{y}_t$捕捉到，因此利用式（6-14）可以进行宏观"反事实"预测。该方法具有传统方法不可比拟的优点。

（1）无须构建完整的理论模型。在这种宏观"反事实"理论框架中，只需要利用若干截面的时间序列值即可得出某项宏观政策的处理效应，从而可以避免构建完整的理论结构模型时在经济理论选择、模型形式确定、变量界定、数据获得等方面的工作。

（2）可以避免结构模型的内生性问题。结构模型有可能存在遗漏变量、双向因果关系和度量误差等原因而导致的内生性问题，常用工具变量法来解决此问题，但是合适的工具变量不易得。HCW 方法因为不需要构建结构模型，故在一定程度上可以避免内生性问题对模型的影响。

（3）对外部冲击捕捉更有效。对于无法体现在结构模型中但对所有截面个体都有影响的外部冲击，该方法可以使之通过$\tilde{y}$间接体现在$\hat{y}_{1t}^0$中，较之结构模型只能将冲击放在干扰项的做法，HCW 方法更加有效。

（三）HCW 方法步骤

HCW 方法的步骤如下：第一步，在政策执行前，基于R^2或者似然值最大原则，选择参照截面个数分别为 1，2，…，$N-1$时的最优拟合方程用于拟合政策干预个体真实值，结果选出$N-1$个最优方程，记为$M(j)^*$，$j=1$，…，$N-1$；第二步，根据 AIC、AICC 或 BIC 准则从$M(1)^*$，…，$M(N-1)^*$中选择最优的$M(m)^*$，进而根据该拟合方程对政策实施后的被干预个体的"反事实"值进行预测，求得政策的处理效应。从已有文献的应用情况看，对于最优拟合方程中包含截面个数的选取，用 AIC、BIC 和 AICC 中的一个或者两个甚至三个作为判断准则，控制组的选取可能不同，也可能相同，但当政策干预前时间序列较长时，选用不同准则得到的结果趋于一致，一般不存在实质性差异。

三、社会保障制度改革处理效应评价的实证分析
——以嘉兴市为例

（一）新农合发展与第一产业 GDP 增长率

新农合制度，全称为新型农村合作医疗制度，是由政府组织、引导、支持，农民自愿参加，个人、集体和政府多方筹资，以大病统筹为主的农民医疗互助共济制度。新农合为我国农民提供了基本的医疗保障，以减轻农民群体的医疗负担，降低农民群体一旦罹患大病所带来的经济风险。作为我国农民基本医疗保障的重要实现形式，2003~2008 年以来，其覆盖面持续扩大、参合率不断攀升。如表 6-1 所示，2004 年参合人口为 0.8 亿，参合率为 75.2%，当年基金支出 26.4 亿元，补偿受益 0.76 亿人次；2008 年参合人口为 8.15 亿，参合率为 91.5%，当年基金支出 662.3 亿元，补偿受益 5.85 亿人次，已经基本上实现新农合在全国的覆盖。2009 年开始全国开展新农合县（区、市）的数量逐渐减少，原因为这些县（区、市）城乡居民已统一实行城乡居民基本医疗保险制度。城乡居民基本医疗保险制度是整合城镇居民基本医疗保险和新型农村合作医疗两项制度而建立的统一的保险制度，旨在推进医药卫生体制改革、实现城乡居民公平享有基本医疗保险权益、促进社会公平正义、增进人民福祉。2010 年，新农合参合人数达到峰值 8.36 亿。2013 年，新农合补偿受益人次达到峰值 19.42 亿人次。2015 年新农合当年基金支出达到峰值 2933.41 亿元。2018 年，实施新型农村合作医疗保险制度的仅有辽宁、吉林、安徽、海南、贵州、陕西和西藏 7 个省份。2019 年全国统一的城乡居民医保制度全面启动，实行多年的新农合制度也随之退出历史舞台。因此，2003~2019 年参加新农

合县（市、区）个数、参加新农合人数、当年基金支出和补偿受益人次均经历了先增加后减少的过程。虽然如此，新农合人均筹资却大幅攀升，由2004年的50.4元增加到2017年的613.46元，增长了11.17倍。同时参合率也由2004年的75.2%一路攀升到2017年的100%。

表 6-1　2004~2017 年新农合发展状况

年份	参加新农合人数[①]（亿人）	参合率（%）	人均筹资（元）	当年基金支出[②]（亿元）	补偿受益人次[③]（亿人次）
2004	0.80	75.2	50.4	26.4	0.76
2005	1.79	75.7	42.10	61.8	1.22
2006	4.10	80.7	52.1	155.8	2.72
2007	7.26	86.2	58.9	346.6	4.53
2008	8.15	91.5	96.30	662.3	5.85
2009	8.33	94.2	113.36	922.9	7.59
2010	8.36	96.0	156.57	1187.8	10.87
2011	8.32	97.5	246.21	1710.2	13.15
2012	8.05	98.3	308.50	2408	17.45
2013	8.02	98.7	370.59	2909.2	19.42
2014	7.63	98.9	410.89	2890.40	16.53
2015	6.7	98.8	490.30	2933.41	16.53
2016	2.75	99.36	559.00	1363.64	6.57
2017	1.33	100	613.46	754.12	2.52

注：①参加新农合人数指根据本地新农合实施方案到年内新农合筹资截止时已缴纳新农合资金的人口数。②新农合当年基金支出指本年度实际从新农合基金账户中支出用于新农合补偿的金额。③新农合补偿支出受益人次指年内新农合参合人员因病就医获得补偿的人次数，包括住院、家庭账户形式、门诊、特殊病种大额门诊、住院正常分娩、体检和其他补偿人次之和。

资料来源：历年《中国卫生健康统计年鉴》。

新农合实施以来，中央财政和地方财政的资助力度也连年攀升。如图 6-1 所示，2003 年试点之初，人均筹资标准为 30 元，其中中央财政对参合农民人均补助 10 元，地方财政每年的人均资助不低于 10 元，农民个人每年缴费标准不低于 10 元;① 从 2006 年起，中央财政对参合农民的补

---

① 《关于建立新型农村合作医疗制度的意见》。

助由每人每年补助 10 元提高到 20 元，地方财政也相应增加 10 元，农民个人缴费标准暂不提高，人均筹资标准达到 50 元。[①] 从 2008 年起，中央财政补助参合农民 40 元，地方财政补助标准不低于 40 元，个人缴费增加到不低于 20 元，全国新农合筹资标准达到每人每年 100 元。[②] 2010 年，新农合筹资标准提高到 150 元，其中中央政府对参合农民按 60 元补助，地方财政补助标准相应提高到 60 元，农民个人缴费增加到 30 元。[③] 2011 年起，新农合筹资标准达到每人每年 250 元，各级财政对新农合的补助标准提高到每人每年 200 元，原有 120 元中央财政继续按照原有补助标准给予补助，新增 80 元部分，中央财政对西部地区补助 80%，对中部地区补助 60%，农民个人缴费提高到每人每年 50 元。[④] 到 2012 年，新农合筹资标准达到每人每年 300 元，各级财政对新农合的补助标准提高到每人每年 240 元，新增 40 元部分，中央财政对西部地区补助 80%，对中部地区补助 60%，农民个人缴费原则上提高到每人每年 60 元。[⑤] 2013 年起，各级财政对新农合的补助标准从每人每年 240 元提高到每人每年 280 元。其中，原有 240 元部分，中央财政继续按照原有补助标准给予补助；新增 40 元部分，中央财政对西部地区补助 80%，对中部地区补助 60%，对东部地区按一定比例补助。参合农民个人缴费水平原则上相应提高到每人每年 70 元，有困难的地区个人缴费部分可分两年到位。[⑥] 2014 年起，各级财政对新农合的补助标准进一步提高到每人每年 320 元。[⑦] 2015 年，各级财政对新农合的人均补助标准在 2014 年的基础上提高 60 元，达到 380 元，其中，中央财政对 120 元部分的补助标准不变，对 260 元部分按照西部地区 80%、中部地区 60% 的比例进行补助，对东部地区各省份分别按一定比例补助。农

---

① 《关于加快推进新型农村合作医疗试点工作的通知》。
② 《关于做好 2008 年新型农村合作医疗工作的通知》。
③ 《关于巩固和发展新型农村合作医疗制度的意见》。
④ 《关于做好 2011 年新型农村合作医疗有关工作的通知》。
⑤ 《关于做好 2012 年新型农村合作医疗工作的通知》。
⑥ 《关于做好 2013 年新型农村合作医疗工作的通知》。
⑦ 《2013 年新农合进展情况及 2014 年工作重点》。

民个人缴费标准在 2014 年的基础上提高 30 元，全国平均个人缴费标准达到每人每年 120 元左右。[①] 2016 年，各级财政对新农合的人均补助标准在 2015年的基础上提高 40 元，达到 420 元，农民个人缴费标准在 2015 年的基础上提高 30 元，全国平均达到 150 元左右。[②] 2017 年，各级财政对新农合的人均补助标准在 2016 年的基础上提高 30 元，达到 450 元，其中，中央财政对新增部分按照西部地区 80%、中部地区 60% 的比例进行补助，对东部地区各省份分别按一定比例补助。农民个人缴费标准在 2016 年的基础上提高 30元，原则上全国平均达到 180 元左右。[③] 2018 年国家层面首次从统筹城乡的角度，对城乡居民医保年度重点工作进行统一部署，城乡居民医保财政补助和个人缴费标准同步提高。各级财政人均补助标准在 2017 年基础上新增 40元，达到每人每年不低于 490 元，人均个人缴费标准同步新增 40 元，达到每人每年 220 元。[④] 由此可见，自 2003 年以来，各级政府在新农合筹资保证方面一直很努力，不断提高新农合筹资标准，从人均筹资 30 元增加到 710元，实现了快速增长，这对农民基本医疗保障平稳健康发展具有重要意义。

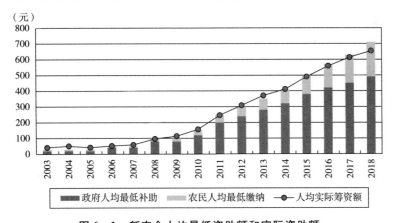

图 6 - 1　新农合人均最低资助额和实际资助额

资料来源：历年《中国卫生健康统计年鉴》。

---

① 《关于做好 2015 年新型农村合作医疗工作的通知》。
② 《关于做好 2016 年新型农村合作医疗工作的通知》。
③ 《关于做好 2017 年新型农村合作医疗工作的通知》。
④ 《关于做好 2018 年城乡居民基本医疗保险工作的通知》。

改革开放以后，农村家庭联产承包责任制极大地调动了农民的生产积极性，推动了第一产业经济健康快速发展。如图 6-2 所示，1978～1990年，即计划经济与市场经济并存阶段，第一产业 GDP 增长率虽有波动，但除个别年份以外（1980 年为 -1.5%），均在较高增长率区间内运行，平均增长率达到 5.4%。20 世纪 90 年代，我国步入市场经济体制的建立和发展阶段以后，农村经济增长波动幅度明显减小，农村经济逐渐步入平稳健康发展时期。而 1997 年以后，随着"三农"问题的逐渐凸显，农村经济增长呈现出平稳但略有下降的趋势，从 1997 年的 3.5% 下降到 2003 年的 2.5%。2003 年以后，农村经济又一次步入了略有波动但比较平稳的增长时期，其中 2004 年的增长率骤增，达到 6.1%。

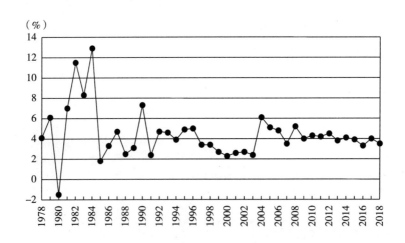

图 6-2　我国第一产业 GDP 增长率示意图

资料来源：《中国统计年鉴（2019）》。

由以上分析可以发现，2003 年开始试点的新农合在 2003～2008 年一直处于良好发展时期，而 2003 年以后中国农村经济也终止其下降趋势，在 2004 年经历较大幅度增长后逐渐趋于平稳。因此，农村经济终止下降的时间点与新农合试点时间基本吻合，在这种背景下"新农合是否对农村经济增长产生影响，影响是否显著"的问题便被社会各界关注，因为该问题是全面评价新农合实施效果的一个重要依据，对这一问题的回答在一定程度上关系到农村医疗保险未来的调整方向，且对其进行科学分析可以为进一步的政策制定提供依据。因此，本章将运用中国地级市面板数据，基于 Hsiao 等（2012）发展的 HCW 方法，定量分析新农合实施初期对第一产业经济增长的处理效应。

（二）新农合对经济增长的作用机制分析

我国新农合为现收现付制，由个人、集体和政府多方筹资。关于现收现付制新农合制度对个人储蓄影响方面，周晓艳等（2011）利用 2003 ~ 2006 年农业部农村固定观察点数据，采用差分内差分方法对该问题进行了研究。结果发现，参加新农合可以显著抑制家庭储蓄，但这种抑制效应会随着时间呈显著减弱趋势。高梦滔（2010）认为，新农合对农户储蓄具有显著的减少效应，每个农户平均减少的储蓄金额大约为 552 元。因此，已有研究表明，现收现付制对个人储蓄产生"挤出效应"的观点对于新农合而言是正确的，目前并没有发现关于新农合对国民储蓄影响的相关文献。储蓄降低的另一面是消费增加。栾大鹏和欧阳日辉（2012）认为，由于减少了未来支出的不确定性，新农合不仅促进了农民在非医疗支出方面消费水平的提升，同时也显著推动了其在医疗保健方面消费支出水平的提高。白重恩等（2012）认为，尽管并不能证明新农合会使参合农户自付医疗支出大幅下降，但是，新农合可以增加参合家庭的非医疗支出消费约 5.6%，显著刺激农村地区的消费。蔡伟贤和朱峰（2015）利用 CHNS 数据，基于改进的 Probit 模型研究了新农合对农村居民耐用品消费的影响。研究结果表明，新农合能有效提高农村家庭的耐用品消费水平，且农村家庭上一期参保行为对耐用品消费的刺激作用更加显著。以上储蓄减少和消费增加的现象与预防性储蓄假说的观点一致，即新农合可以减少未来收入的不确定性，提高收入预期，故会增加农村居民消费并减少预防性储蓄。微观个体储蓄率降低是否会影响物质资本积累进而影响经济增长，主要取决于其对国民储蓄率的影响和我国储蓄—资本的转化率。若国民储蓄率降低幅度较小，或者虽然国民储蓄率降低幅度较大但是原本的储蓄—资本转化率较低，储蓄降低对经济增长的影响就有限。而作为经济发展原动力的最终消费的增加，必然会在一定程度上刺激经济增长，但是目前我国经济增长主要靠投资拉动，消费对经济增长的正向作用比较有限。

作为人力资本的重要组成部分，农民健康状况对经济增长具有重要影响。Lei 和 Lin（2009）基于 CHNS 数据库分析新农合的实施效果。结果表明，新农合并没有增加正规医疗服务的使用率，也没有提高参合者的健康水平。程令国和张晔（2012）认为，新农合可以显著提高参合者健康水平，减少其原来"有病不医"的状况，且可以提高其医疗服务利用率。因此，参合农民可以摆脱身心上的疾病困扰，在体力上和精神上充满活力，提高其生产效率，促进经济健康发展。另外，我国父母多数具有很强的利他主义精神，新农合会降低参合者的自付比例，即降低医疗服务的价格，因此，将会降低老年人的医疗支出，使得老年风险社会化分担，"养儿防老"的传统依赖性降低，增加一个子女的边际收益下降，此时父母更加注重子女的质量而非数量，进而整个社会平均人力资本提高。人力资本的提高不仅会提高劳动者本身的生产效率，而且是技术不断进步的保证，而技术进步是推动经济增长的持久动力。

以上研究证明，新农合可以通过减轻农民医疗负担、提高农民消费支出水平、提高社会平均人力资本等途径促进经济增长，但也不乏结论与上述文献不一致的研究。王冬妮（2017）采用 CHARLS 2011 年和 2013 年全国基线调查数据，基于处理效应模型，在控制了选择偏差的基础上，对新农合的直接效应和间接效应进行了估计。研究结果表明，新农合对农民的健康水平没有显著的提升，对居民的实际医疗支出也没有显著的降低，同时对参合农民的非医疗支出也没有刺激作用。同时研究也指出，在新农合覆盖率已经高达 98%，基本实现全覆盖的现状下，这项医疗制度对农村居民的福利改善作用已不太显著。熊波和李佳桐（2017）采用 CHNS 1997～2011 年数据，基于 DID 模型和固定效应模型对新农合给农民消费带来的影响进行了分析评估。评估结果表明，新农合对农民消费并无显著影响，且该政策并没有从根本上提高低收入者的消费水平。此外，在新农合试点和推广阶段，国家对于新农合的补偿力度逐年增加，参合者报销范围和比例不断扩大，加之对未来医疗保障确定性的预期，且农业生产收益较低，新农合有可能会在一定程度上降低参合者农业生产积极性，使总产出减少。

因此，与众多经济增长的影响因素不同，新农合对经济增长的作用是一种间接的影响，在两者之间存在一个多因素的传导过程。新农合是否对经济增长产生显著影响不仅取决于新农合本身，传导机制是否通畅也是关键因素，比如储蓄—资本转化率和资本的产出弹性两个指标的大小会对"新农合—储蓄—经济增长"的传导机制产生影响。

（三）中国新农合的处理效应评价——以浙江省嘉兴市为例

1. 数据来源及控制组参照城市的选择

国务院在 2002 年 10 月正式部署建立新型农村合作医疗保险制度，旨在提高农民健康保障水平，减轻农民医疗负担，避免农民"因病致贫、因病返贫"的情况发生。2003 年，嘉兴①成为全国唯一一个所有县（市、区）全部列为新农合试点县的地级市，因此本研究选取嘉兴市作为处理组。控制组中参照城市的选择应该满足两个准则。首先，必须满足假设 5［如式（6－6）所示］，即为了避免解释变量内生性问题，控制组中的城市不应该受到新农合政策的干预。因此，已经执行新农合政策的城市不能作为控制组个体；同时，按照 Kline 和 Moretti（2014）的做法，与已执行新农合政策城市接壤的未被干预城市不能作为控制组个体，因为地理上相近的未被干预城市可能会从接壤且已经执行新农合政策的城市受益。控制组中个体需要满足的第二个标准为在新农合政策干预前，控制组中个体第一产业 GDP 增长率应该可以较准确地预测嘉兴市第一产业 GDP 增长率，即模型拟合优度较高。

---

① 嘉兴市为浙江省地级市，位于浙江省东北部。下辖 2 个区（南湖区和秀洲区）、3 个县级市（平湖、海宁和桐乡）和 2 个县（嘉善和海盐）。

我国新农合制度在 2005 年已经做到每个地（市）都至少有一个试点县，因此本研究的控制组为 2003～2004 年没有参加新农合的地（市），2005 年及以后年份因为不符合 HCW 方法的要求而被舍弃。本研究控制组个体主要集中在东部、中部地区的河北、黑龙江、辽宁、湖南和江西等省份，而山东、广东、浙江、山西和河南等省份在新农合试点之初的 2003年已经做到每个地（市）至少有一个试点县，不符合 HCW 方法的要求。本研究采用各地（市）第一产业 GDP 增长率来表征经济增长率，该指标数据全部来自中国经济与社会发展统计数据库。

关于参照城市的选择，就本研究而言，要求嘉兴市是否执行新农合政策对参照城市不产生影响，而现实中经济变量之间关系错综复杂，嘉兴市执行新农合政策总会在一定程度上对其他省的经济发展产生影响。但是由于参照城市都为距离嘉兴较远的其他省份地（市），而且主要研究第一产业经济增长，可以忽略嘉兴新农合政策的执行对其他省份地（市）第一产业经济增长的影响。

受数据可得性限制，选取东部、中部地区符合要求的地（市）共 33个，分别为苏州市、福州市、海口市、石家庄市、保定市、邢台市、张家口市、承德市、秦皇岛市、沧州市、廊坊市、抚顺市、丹东市、锦州市、营口市、铁岭市、朝阳市、齐齐哈尔市、鹤岗市、佳木斯市、七台河市、黑河市、鸡西市、九江市、株洲市、湘潭市、衡阳市、邵阳市、常德市、张家界市、益阳市、永州市和怀化市。

2. 新农合的处理效应评价——以嘉兴市为例

运用 HCW 方法，根据本研究的选择标准进行控制组对象和方程的选择后，AIC 标准选出的控制组包含 8 个城市，分别为石家庄市、邢台市、张家口市、佳木斯市、株洲市、张家界市、益阳市和永州市。拟合情况如表 6-2 所示，拟合方程式为：

$$JX = 5.21 - 1.2126SJZ + 0.3122XT + 0.0393ZJK + 0.3211JMS - 0.7689ZZ + 0.4805ZJJ + 0.511YY + 0.1136YZ \qquad (6-17)$$

其中，JX、SJZ、XT、ZJK、JMS、ZZ、ZJJ、YY 和 YZ 分别代表嘉兴

市、石家庄市、邢台市、张家口市、佳木斯市、株洲市、张家界市、益阳市和永州市第一产业 GDP 增长率。

表 6 - 2　1980 ~ 2002 年控制组权重

变量	系数	标准差	T 统计量	变量	系数	标准差	T 统计量
C	5.210	(1.0908)	4.7762	株洲	-0.7689	(0.1154)	-6.6632
石家庄	-1.2126	(0.1219)	-9.9468	张家界	0.4805	(0.0801)	6.0005
邢台	0.3122	(0.0438)	7.1232	益阳	0.5110	(0.0684)	7.4695
张家口	0.0393	(0.0160)	2.4585	永州	0.1136	(0.0424)	2.6784
佳木斯	0.3211	(0.0326)	9.855				

注：$R^2 = 0.9753$，调整 $R^2 = 0.9693$，AIC = 4.3298。

　　在上述模型下，1980 ~ 2002 年嘉兴市第一产业 GDP 增长率拟合情况如图 6 - 3 所示。控制组包含的 8 个参照城市可以很好地拟合嘉兴市第一产业经济运行的情况，拐点部分也不例外。因此，可以继续搜集上述 8 个参照城市 2003 ~ 2004 年第一产业 GDP 增长率，根据式（6 - 17）进行预测，即可得出新农合制度未实施时嘉兴市第一产业 GDP 增长率的"反事实"值，所得的"反事实"值及新农合的处理效应如表 6 - 3 所示。

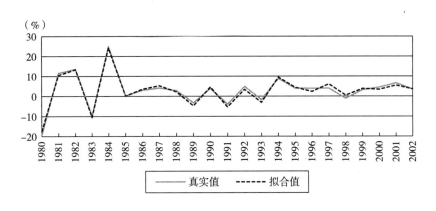

图 6 - 3　政策实施前拟合图

表 6 – 3 "反事实"值及处理效应

年份	真实值	"反事实"值	处理效应(%)	平均处理效应(%)	贡献率(%)	平均贡献率(%)
2003	4.8	4.71	0.09	0.17	1.9	2.75
2004	6.7	6.46	0.24		3.6	

由表 6 – 3 可以看出，新农合对嘉兴市第一产业经济增长起到了正向促进作用，2003 年和 2004 年的处理效应分别为 0.09 和 0.24 个百分点，效应逐年增大，两年平均处理效应为 0.17 个百分点。

该结论与林政（2011）研究结论比较相似，林政（2011）把新型农村合作医疗制度作为影响农业经济增长的投入变量。首先，基于逐步回归方法估算出新农合在 5% 的显著水平下正向促进农业经济增长；然后，以此来测算新农合制度对农业经济增长（农业总产值增长）的贡献率。结果显示在 1999 ~ 2009 年新农合制度对广东农业经济增长的贡献率达 9.666%，因此，本研究结论与林政的结论在方向上一致，在贡献率上存在一定差异。之所以会出现这样的结果，原因如下：①样本不一致。林政（2011）利用的样本为广东 1999 ~ 2009 年的时间序列，而本研究利用的是 1978 ~ 2004 年中部和东部地级市的时间序列。②模型不同。林政（2011）运用的是 C – D 生产函数扩展模型的对数形式，为线性模型，而线性模型的一个重要假设是"严格外生性"或者至少"解释变量与干扰项同期不相关"，若不满足该条件，易引起内生性问题，但是作者在估算过程中并未考虑内生性问题，这可能导致估计量有偏且不一致，而 HCW 方法却因为成功避开结构模型而可以规避内生性问题。

四、本章小结

长期以来，理论界围绕社会保障与经济增长的关系一直争论不断，新古典学派认为物质资本是经济增长的源泉，新经济增长理论却认为经济增长主要取决于人力资本积累和技术进步等因素，且相关的实证研究也并没有达成一致意见。在实证研究过程中，传统计量方法面临着种种问题，比如缺少相关理论模型、缺失变量引起的内生性问题、现实数据不满足某些模型假定和约束条件的问题等。因此，计量经济学于20世纪30年代开始基于观测数据、经济理论和统计学方法构造了大量的计量经济模型来构建"反事实"状态用以计算经济政策的宏观处理效应。

　　本章运用中国地级市面板数据，基于 Hsiao 等（2012）发展的 HCW 方法，以浙江省嘉兴市为例，定量分析新农合对第一产业 GDP 增长率的处理效应。结果表明，新农合具有显著的正向处理效应，平均每年促进第一产业经济增长 0.17 个百分点，对经济增长的年平均贡献率为 2.75%。因此我们发现，新农合确实对经济发展起到了促进作用，且该作用随着社会保障投入力度的加大逐年递增。

第七章

政府社保支出的居民消费效应评价

——基于中国分省面板数据的实证分析

一、财政社会保障支出

　　社会保障制度是一项重要的社会分配机制，是社会财富得到公正分配的根本性制度保证。近年来，我国社会保障制度建设迅速推进，一个从中国具体国情出发、覆盖城乡居民的和谐社会保障制度正处于建设和完善的过程之中（李胜会和熊璨，2016）。社会保障制度在我国经济社会发展过程中发挥了重大作用。首先，社会保障制度能够解除城乡居民的后顾之忧并提供稳定的安全预期；其次，合理适度的社会保障制度还具有扩大内需、促进消费和拉动经济增长的作用。但上述功能的实现需要作为社会保障执行主体的政府有足够的经济实力提供资金支持。因此，关于社会保障支出与各经济变量之间的关系、社会保障支出规模等问题成为社会保障研究的热点，定性讨论日益深入，定量研究也日益增多。我国目前社会保障支出分为预算内和预算外两部分。预算内的社会保障支出主要包括抚恤和社会福利救济支出、社会保障补助支出以及行政事业单位离退休经费，预算外的社会保障支出主要是政府举办的五大社会保险（养老，医疗，失业，工伤，生育）支出，这部分支出不纳入国家预算，但要纳入财政专户管理，"线下列支"（刘新，2010）。本章主要分析财政社会保障支出对消费的影响。

（一）财政社会保障支出口径

改革开放以后，我国政府特别是财政部门对社会保障支出的概念界定和统计口径变化主要经历了以下三个阶段（徐倩，2017）。

第一个阶段为 1978～1997 年。统计资料显示，该阶段社保支出主要指抚恤和社会福利救济费。改革开放以后，我国城乡的社会保障运行曾经长期沿袭计划经济下的模式：在城镇中，主要有国有、集体企业负责所属职工及其家属的养老、医疗、就业、住房等保障；农村中主要依靠集体经济和家庭提供各项社会保障服务。在这种背景下，各级政府直接支出的社会保障费用就仅限于各项抚恤、社会福利和救济支出以及行政事业单位的离退休费用。在统计核算方面，行政事业单位的离退休费用从 1997 年才开始在财政支出中单独列出，此前一直从属于抚恤和社会福利救济费支出。

第二个阶段为 1998～2006 年。随着改革开放的深入，我国的社会保障模式也开始向社会化的方向转型。为了与国有企业改革、劳动用工制度的市场化进程相一致，1997 年以后我国逐渐建立起城镇职工和城镇居民的养老、医疗、失业等社会保障制度，2003 年开始在农村试点并建立了新型农村合作医疗制度，并且在 2009 年启动了新型农村养老保险的试点工作。在建立和完善以上各项制度的过程中，国家财政给予了大量的补助。与此相对应，该阶段的社会保障支出主要包括抚恤和社会福利救济费、社会保障补助支出和行政事业单位离退休经费。

第三个阶段为 2007 年至今。2007 年起实行的新政府收支分类科目将抚恤和社会福利救济费、社会保障补助支出和行政事业单位离退休经费等三项的主要内容及其他一些支出合并为"社会保障和就业"（财政部社会保障司课题组，2007）。抚恤和社会福利救济费指国家预算用于抚恤和社会福利救济事业的经费。包括由民政部门开支的烈士家属和牺牲病残人员家属的一次性、定期抚恤金，革命伤残人员的抚恤金，各种伤残补助费，烈军属、复员退伍军人生活补助费，退伍军人安置费，优抚事业单位经费，烈士纪念建筑物管理、维修费，自然灾害救济事业费和特大自然灾害灾后重建补助费等。社会保障补助支出指国家预算用于社会保障的补助支出，包括对社会保险基金的补助、促进就业补助、国有企业下岗职工补助、补充全国社会保障基金等。行政事业单位离退休经费指实行归口管理的行政事业单位离退休经费。社会保障和就业支出指政府在社会保障与就业方面的支出，包括社会保障和就业管理事务、民政管理事务、财政对社会保险基金的补助、补充全国社会保障基金、行政事业单位离退休、企业改革补助、就业补助、抚恤、退役安置、社会福利、残疾人事业、城市居民最低生活保障、其他城镇社会救济、农村社会救济、自然灾害生活救助、红十字事务等。从具体内容来看，新、旧统计口径之间尽管存在着一些差别，但两者的主体内容仍然一致，差别不是很大。但《中国统计年鉴（2008）》指出，与以往年份相比，2007 年财政收支科目实施了较大改革，特别是财政支出项目口径变化很大，与往年数据不可比。因此，本章解释变量中设置了虚拟变量来代表这种统计口径的变化。

（二）我国财政社会保障支出的发展及国际比较

近年来，财政社会保障支出逐渐发展成为政府支出的重要组成部分，其规模日益扩大，且增长迅猛。如表 7 – 1 所示，我国财政社会保障支出从 2000 年的 121757 百万元快速增长到 2018 年的 2701209 百万元，平均年名义增长率高达 19.71%，远远高于 12.94% 的 GDP 名义增长率。社会保障总支出绝对量增长之所以如此迅速，首先是因为国家日益重视并不断加快社会保障制度建设的步伐；其次，我国财力日益雄厚，可以为社会保障制度的建设提供充裕的资金保障；最后，通货膨胀现象的存在也迫使社会保障的给付水平不断上调，以维持被保障个体的实际保障水平不变。

表 7 - 1 我国社会保障支出及社会保障弹性系数

年份	财政社会保障支出（百万元）	财政社保支出占财政支出的比重（%）	财政总支出占GDP比重（%）	财政社保支出占GDP比重（%）	社会保障名义增长率（%）	GDP名义增长率（%）	财政社保支出弹性系数
2000	121757	7.66	15.84	1.21	32.71	10.73	3.05
2001	167762	8.88	17.05	1.51	37.78	10.55	3.58
2002	217904	9.88	18.12	1.79	29.89	9.79	3.05
2003	265591	10.77	17.94	1.93	21.88	12.90	1.70
2004	311608	10.94	17.60	1.93	17.33	17.77	0.98
2005	369886	10.90	18.11	1.97	18.70	15.74	1.19
2006	436178	10.79	18.42	1.99	17.92	17.15	1.05
2007	544716	10.94	18.43	2.02	24.88	23.08	1.08
2008	680429	10.87	19.61	2.13	24.91	18.20	1.37
2009	760668	9.97	21.89	2.18	11.79	9.17	1.29
2010	913062	10.16	21.81	2.22	20.03	18.25	1.10
2011	1110940	10.17	22.39	2.28	21.67	18.40	1.18
2012	1258552	9.99	23.39	2.34	13.29	10.38	1.28
2013	1449054	10.33	23.65	2.44	15.14	10.10	1.50
2014	1596890	10.52	23.67	2.49	10.20	8.15	1.25
2015	1901869	10.81	25.64	2.77	19.10	6.97	2.74
2016	2159150	11.50	25.37	2.92	13.53	7.88	1.72
2017	2461168	12.12	24.74	3.00	13.99	10.90	1.28
2018	2701209	12.23	24.54	3.00	9.75	9.69	1.01
均值	1022547	10.50	20.96	2.22	19.71	12.94	1.65

注：2000～2006 年财政社会保障支出值为"抚恤和社会福利救济费 + 社会保障补助支出 + 行政事业单位离退休经费"，2007～2018 年财政社会保障支出值为"社会保障和就业支出"。

资料来源：历年《中国统计年鉴》。

财政社会保障支出占财政总支出的比重以及财政社会保障支出占 GDP 的比重都可以反映财政社会保障支出水平。2001 年 4 月，《劳动和社会保障事业发展第十个五年计划纲要》提出"增加中央和地方各级财政对社会保障的支出，逐步将社会保障支出占财政支出的比重提高到15%～20%"。但表7－1显示，财政社会保障支出占财政总支出的比重2000年为7.66%，随后一直波动上升，直到2018年达到最高值12.23%。因此，与社会保障总支出绝对量不断迅猛增长的趋势相比，社会保障支出占财政支出的比重增长缓慢，比重提高到15%～20%的目标直到2018年仍没有实现，距离15%还有约3个百分点。另外，财政性社会保障总支出占GDP的比重也一直呈现缓慢上升趋势，从2000年的1.21%上升到2018年的3.00%，18年间增长了1.79个百分点，而财政总支出占GDP比重从2000年的15.84%增加到2018年的24.54%，增长了8.70个百分点。因此，相对于财政总支出而言，财政社会保障支出增长速度相对缓慢。这是由我国客观经济发展水平决定的，即有限的财政资金除用于社会保障支出之外，还要被用于教育、医疗、交通、就业等各个领域，此时政府需权衡各方利弊关系，合理配置财政资源。

与世界其他国家相比，我国社会保障水平相对较低。根据国际劳工组织网站提供的历年报告《World Social Protection Report》中的数据，就2014年"包括医疗卫生支出的公共社会保障支出占GDP百分比"指标而言，中国为5.7%，巴西、俄罗斯为金砖四国中占比较高的国家，分别达到13.2%和10.7%，南非略高于中国，为5.8%，印度低于中国，为1.3%，因此在金砖国家中中国处于中等水平；世界发达国家，比如美国、英国和日本分别为10.7%、14.0%和15.2%，均高于中国。根据WHO《World Health Statistics（2019）》数据，2016年公共医疗支出占GDP百分比，中国为5.0%，巴西、俄罗斯和南非为金砖国家中占比较高者，分别为11.8%、5.3%和8.1%；印度较低，为3.6%；美国、英国和日本分别为17.1%、9.8%和10.9%。但是就2016年人均GDP（现价美元）而言，中国为8147.94美元，在金砖国家中，巴西为8710.10美元、俄罗斯为8704.90美元，均高于中国。南非为5272.92美元、印度仅为1732.56美元，均低于中国；世界发达国家，如美国为57927.52美元、英国为

41064.13 美元、日本为 838761.81 美元，均远高于中国，且世界平均水平为 10281.91 美元，也高于中国。因此，若考虑目前中国的经济发展水平，中国经济总量中用于社会保障支出的比例并不那么低。而且，中国的社会保障正处于建设阶段，呈现由低到高的发展趋势，而发达国家的社会保障已经从高峰期进入调整期，呈现出由高到低的发展趋势。因此比较各国社会保障水平时，除了保证统计口径统一以外，更应该注意各国经济发展水平的差异和社会保障发展阶段的差异（林治芬，2011）。

杨翠迎和何文炯（2004）提出"社会保障支出弹性系数"（CSS）的概念，用以表示社会保障水平对经济增长的反映程度，$CSS = $ 社会保障总支出增长率/GDP 增长率。文章认为，当 $CSS \leq 0$ 时，两者处于不适应状态；当 $0 < CSS < 1$ 时，两者呈正向变动，处于基本适应状态；当 $CSS = 1$ 时，表明两者同步增长，两者处于最佳适应状态；当 $CSS > 1$ 时，表明社会保障水平的增长超越经济增长，社会保障水平增长有些过度。如表 7 - 1 所示，2003 年以前社会保障增长速度非常快，主要是因为当时处于国企改革阶段，大批工人提前退休，因此国家用于下岗职工补助支出、最低生活保障支出、养老金支出、促进再就业补助等方面的社保支出激增。2003 年开始，国企改革基本结束，失业人员基本实现再就业，大型国企效益好转，因此社保支出下降，而经济形势好转也带动 GDP 快速增长。因此，2003 年以后社保支出弹性系数逐渐降低，除个别年份外均在 1 ~ 1.5 小幅波动。因此从这个角度来讲，国家对社保的投入快于经济增长，说明国家对社会保障制度建设非常重视，我国社会保障制度建设处于一个比较健康的发展阶段。

（三）中国财政社会保障支出的地区差异

根据目前我国的财政分权体制，财政社会保障支出分中央和地方两部分，但大部分都属于地方政府支出。如图 7 - 1 所示，从绝对值来看，近些年，国家财政社会保障支出与地方社会保障支出相差较小（比如，2018 年国家支出的 27012.09 亿元中地方支出占 25827.54 亿元）。从地方支出占国家支出比重来看，2002年以来所有比值全部大于90%，其中2004年最低（90.4%），2015年最高（96.20%），且整体上呈现不断上升的趋势。

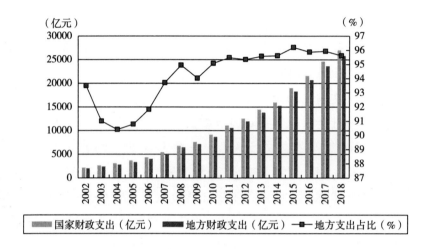

图7-1　国家和地方财政社会保障支出

资料来源：《中国统计年鉴（2019）》。

尽管存在中央政府对地方政府的转移支付，但是考虑到我国区域经济发展不平衡，在财政社会保障支出方面存在明显的区域差异。与东部发达地区相比，中部和西部社会保障覆盖范围小且保障水平低。图7-2将全国31个省（市、自治区）按照东部、中部和西部三大区域排列[①]，呈现出31个省（市、自治区）社会保障和就业财政支出、社会保险基金支出、人均社会保障支出水平和人均财政社会保障支出水平。从图7-2可以看出，我国东部、中部和西部的社会保障支出存在较大差异。

东部地区包含11个省（市、自治区），分别为北京、天津、上海、河北、江苏、浙江、福建、山东、广东、海南和辽宁。这11个省（市、自

---

① 参照国家统计局《2016年全国房地产开发投资和销售情况》东部、中部和西部地区划分标准。

治区）的财政性社会保障基金支出和社会保险基金支出为全国最高水平，而且社会保险基金支出远远高于财政社会保障支出，除海南以外，其他省份均高出 1~4 倍，其中浙江省的社会保险基金支出是财政社会保障支出的 4.7 倍。主要原因是东部地区经济比较发达，企业数量众多，因而社会保险缴付基数较大。但是也应该看到，东部地区内部差距也较大，海南、辽宁和河北三省社会保险基金支出高出财政社会保障支出的倍数较小，与其他省（市、自治区）差距较大。

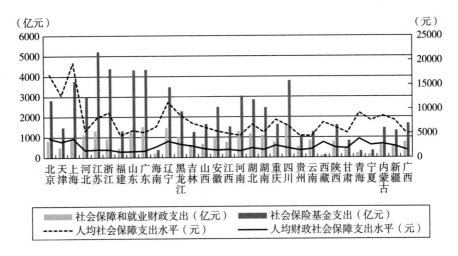

图 7-2　2018 年各省社会保险与财政社会保障支出示意图

注：社会保险基金支出 = 城镇职工基本养老保险基金支出 + 城乡居民基本养老保险基金支出 + 失业保险基金支出 + 职工和居民基本医疗保险基金支出 + 工伤保险基金支出 + 生育保险基金支出；人均社会保障支出水平 = （社会保障和就业财政支出 + 社会保险基金支出）/常住人口；人均财政社会保障支出水平 = 社会保障和就业财政支出/常住人口。

资料来源：《中国统计年鉴（2019）》。

中部地区包含 8 个省（市、自治区），分别为山西、吉林、黑龙江、安徽、江西、河南、湖北和湖南。整体上中部 8 省（市、自治区）也呈现社会保险基金支出高于财政社会保障支出的状态，其中安徽省高出倍数较多，社会保险基金支出约为财政社会保障支出的 2.6 倍。中部地区内部差异较东部地区小，大致可以分为两个阵营：①安徽、山西、湖北，这3个省份社会保险基金支出为财政社会保障支出的2.4倍以上；②河南、湖南、黑龙江、江西、吉林，这5个省份社会保险基金支出为财政社会保障支出的2.4倍以下。

西部地区包含12个省（市、自治区），分别为重庆、四川、贵州、云南、西藏、陕西、甘肃、青海、宁夏、内蒙古、新疆、广西。整体而言，西部的社会保障水平较低，为东部、中部和西部三个地区中水平最低者，其中重庆、四川、贵州、陕西、内蒙古、新疆和广西社会保险基金支出显著高于财政社会保障支出，为西部社会保障支出较高者。而云南、西藏、甘肃、青海和宁夏的社会保险基金略高于其财政社会保障支出，两者相差无几，说明这些省份内部社保基金缴费基数过低，自我维持能力较低，这5个省（市、自治区）的社会保障支出严重依赖财政拨付及中央财政转移支付。

此外，图7-2还表明人均社会保障水平和人均财政社会保障支出水平在各地区之间存在较大差异。对于人均社会保障水平而言，全国平均值为7533.27元，最大值（上海19410.20元）是最小值（云南4404.52元）的4.41倍。对于人均财政性社会保障而言，全国平均值为2189.60元，最大值（北京3879.54元）是最小值（福建1187.90元）的3.27倍。且图7-2中有一种引人注意的现象，一般情况下社会保障支出绝对值较大的省份其经济比较发达，因此其社会保障水平也应该较高，但是实际上却并不是这样，比如青海省社会保障和就业财政支出绝对值居全国倒数第四位，社会保险基金支出绝对值居全国倒数第二位，但是其人均社会保障支出水平居全国正数第六位，人均财政社会保障支出水平居全国正数第三位。除青海以外，西藏也是如此。而一些发达地区比如江苏、浙江等地人均社会保障支出水平和人均财政社会保障支出水平与其经济发展水平并不成正比。这说明社会保障的地区差异并不像经济发展的地区差异那样呈现明显的东高西低之势，它虽然与经济发展程度相关联，但是并不完全取决于经济发展一个因素，与人口结构、产业结构和经济体制的关联度也很高

（林治芬，2002）。经济发达地区社会保险基金收缴较好且财政收入较高，不需要靠国家转移支付维持。而经济欠发达地区社会保险基金收缴困难，财政收入较低，且老职工较多，需要靠国家的转移支付维持，因此就会出现图7－2所示的经济欠发达地区人均财政社会保障支出水平较高的看似不合理的现象。

二、财政社保支出居民消费效应评价的实证分析

（一）财政社保支出居民消费效应的实证模型构建

1. 随机游走假说

生命周期—持久收入消费理论强调在未来为确定性情形下，消费者在生命周期中平滑其消费量，未来的消费计划取决于未来收入和财产的平均值。但是，在现实生活中现实消费与未来储蓄之间始终存在着矛盾，Hall（1978）首次将不确定性和理性预期假说引入到消费理论中，围绕未来收入的不确定性对消费的影响做了富有成效的探讨。

在 Hall（1978）这篇经典论文中，假定条件包括：①效用函数是二次型和严格凹的，且分时可加；②消费者是同质的；③实际利率为常数，且等于时间偏好主观利率；④信贷市场完备；等等。Hall（1978）考虑一个典型消费者在其无穷的寿命周期内分时可加性的消费函数，并考察了在理性预期下，一个永久生存的典型消费者，在追求预期效用最大化时的消费决策。他的结论是根据理性预期，消费者各时期消费应满足 $E(C_t) = C_{t-1}$，且按照持久收入假说寻求效用最大化的消费者的消费轨迹是一个随机游走过程，即除了本期消费，任何变量都无助于预测下期消费，表达式为：

$$C_t = C_{t-1} + \varepsilon_t \qquad\qquad\qquad (7-1)$$

其中，C_t、C_{t-1}和ε_t分别表示t期消费、$t-1$期消费和随机扰动项。式 (7-1) 说明，个人的当期消费主要受前一期消费的影响，消费行为比较稳定。同时也表明，居民的当期消费会受自己过去消费习惯的影响，增加消费容易，减少消费难，存在"棘轮效应"[①]。如果消费在时间上存在路径依赖，则省略滞后消费会导致遗漏变量误差，估计值就是有偏和不一致的（娄峰和李雪松，2009）。

2. 模型构建

Hall（1978）的结论大大扩展了消费函数的概念，因为通常认为消费函数就是指消费和收入之间的关系，而 Hall 函数却显然排除了对收入的任何考虑，这点与事实明显不符，因此本章加入当期收入作为解释变量修正这一与事实不符的现象。

余永定和李军（2000）研究了中国居民的消费行为，推导出符合中国国情的宏观消费函数，对该函数的测算表明，通货膨胀对消费的影响是第一位的，而且作者认为居民普遍存在"买涨不买落"的消费心理。因此，本章选择 CPI 指数作为通货膨胀的代表变量，实证分析通货膨胀与消费之间的关系。

近些年，中国人口年龄结构发生了巨大的变化，当人口抚养比[②]增大时，不参加劳动的人口数相对增加，全社会总的绝对收入会下降，居民消费行为会被抑制。王欢和黄健元（2015）将居民消费率作为个人消费的度量，构建居民消费率的随机游走模型，基于城乡人口年龄结构与消费的时间序列数据进行实证研究。发现城乡居民消费率与少儿抚养比之间具有显

---

① "棘轮效应"最早由经济学家詹姆斯·杜森贝里（James Stemble Duesenberry）提出。杜森贝里认为，消费者易于随收入提高增加消费，但不易于随收入降低而减少消费，这种特点被称为"棘轮效应"。

② 人口抚养比是指人口总体中非劳动年龄人口数与劳动年龄人口数之比，说明每 100 名劳动年龄人口大致要负担多少名非劳动年龄人口。其中少儿抚养比也称为少年儿童抚养系数，是指人口中少年儿童人口数与劳动年龄人口数之比。老年抚养比是指人口中老年人口数与劳动年龄人口数之比。

著正相关关系，老年抚养比对城乡居民消费率的作用并不显著。徐雪和宋海涵（2019）采用中国省级面板数据对城镇和农村人口年龄结构的变化与消费之间的关系进行了研究。结果表明，少儿抚养比增加对城镇居民人均消费起促进作用，对农村居民人均消费起抑制作用；老年抚养比增加对城镇居民消费水平变动影响不显著，但正向影响农村居民消费水平的变动。因此，本章的解释变量中加入老年抚养比和少儿抚养比来实证分析人口年龄结构对消费的影响。

最后，本章的目的是分析财政社会保障对居民消费的影响，而近些年我国社会保障的发展速度非常快，不仅微观上保证了居民的基本生活，宏观上也起到了刺激居民消费的作用。魏勇和杨孟禹（2017）运用扩展线性支出模型并基于 2003～2014 年省级面板数据考察了中国城镇居民社会保障与消费升级的真实动态关系。研究结果表明，城镇居民参与的基本社会保险缴费和政府社会保障财政支出均对总消费和高档商品消费有挤出效应，而对基本商品消费则有挤进作用。因此，本章将财政社会保障支出作为解释变量实证分析社会保障对居民消费的影响。

因此，实证模型设定为：

$$\ln FCP_{it} = a_0 + a_1 L.\ln FCP_{it} + a_2 \ln GDPP_{it} + a_3 \ln SSP_{it} + a_4 (\ln SSP_{it})^2 +$$

$$a_5 CDR_{it} + a_6 ODR_{it} + a_7 PI_{it} + a_8 D_{it} + u_i + v_{it} \qquad (7-2)$$

其中 $\ln FCP_{it}$ 表示第 i 个省份在第 t 年的人均最终消费的对数；$L.\ln FCP_{it}$ 为 $\ln FCP_{it}$ 的滞后一阶值；$\ln GDPP_{it}$ 表示人均 GDP 对数（代指收入）；$\ln SSP_{it}$ 表示人均财政社保支出对数；CDR_{it} 和 ODR_{it} 分别表示少儿抚养比和老年抚养比；PI_{it} 为消费价格指数；D_{it} 为统计口径；u_i 代表第 i 个省份的固定效应水平，用来反映那些由于地区差异而对消费有显著影响但本身很难量化的影响因素；v_{it} 代表随机误差项。

（二）变量选择与数据描述

由于数据可得性的限制，本章数据集为 2000～2017 年全国 31 个省（市、自治区，不包括港澳台地区）的宏观面板数据。其中少儿抚养比

（CDR）和老年抚养比（ODR）来自历年《中国统计年鉴》，若有缺失，则利用《中国人口统计年鉴》或者《中国人口与就业统计年鉴》补充。其他数据均来自 CEIC 数据库，或者由 CEIC 数据库中的数据计算得到。

与截面数据或者时间序列数据相比，运用面板数据分析问题的优点在于：①面板数据可以很好地结合截面和时间序列数据增加样本量，从而增加自由度、减少解释变量之间的共线性，提高模型参数估计的有效性。②面板数据可以从多维度分析经济变量之间的关系。例如，分析财政社会保障支出对居民消费支出的影响，如果只利用截面数据，虽然可以分析不同省份财政社会保障支出对居民消费支出影响的差异，但是不能反映不同时期财政社会保障政策的调整对居民消费支出的影响；如果只利用时间序列数据，虽然可以反映不同时期财政社会保障政策的调整对居民消费支出的影响，但是无法反映不同省份财政社会保障支出对居民消费支出影响的差异。③截面变量和时间变量的结合可以显著减少缺省变量带来的问题。④面板数据可以研究不断变化的个体类型。⑤面板数据模型可以构造和检验比纯时间序列和截面数据更为复杂的行为模型，如技术的有效性。

模型的变量取对数形式主要是基于以下考虑：①对数是严格单调递增函数，因此对各变量数据取对数之后不会改变数据的性质和因果关系；②对数变换通常可以降低异方差的影响，主要是因为对数变换可以使测定变量值的尺度变小，将两个数值间原来 10 倍的差异缩小到 2 倍的差异；③对数变换后的线性模型其残差表示相对误差，而相对误差往往比绝对误差具有较小的差异，且本章采用双对数模型，双对数模型形式压缩异方差的效果比较明显；④双对数模型的回归系数更具有经济意义，表示弹性，即自变量变动 1% 引起因变量变动的百分比。基于以上考虑，人均最终消费等绝对量指标与少儿抚养比等相对量指标数据差异较大，因此本章对人均最终消费、人均 GDP 和人均财政社保支出等三个绝对量指标取自然对数，如表 7-2 所示。由表 7-3 可知，首先，绝对量指标取对数后与相对量指标在数据绝对值上的差异显著减小，比如就全样本而言，人均 GDP 均值在对数变换之前为 30583.53 元，而 CPI 均值为 2.26，前者是后者的

13532.54 倍，而人均 GDP 取对数之后的均值为 10.01，与 CPI 之间的差距显著减少；其次，对数变换使得数据更加平稳，人均 GDP 的标准差为 24095.02 元，而人均 GDP 对数的标准差为 0.83，很显然数据更加平稳，一定程度上可以降低异方差；最后，峰度和偏度值表明这些数据取对数后基本上呈正态分布。

表 7-2 变量的定义

	变量	定义
因变量	$\ln FCP_{it}$	"各省最终居民消费支出/常住人口"的对数值
自变量	$L.\ln FCP_{it}$	$\ln FCP_{it}$ 的滞后一阶值
	$\ln GDPP_{it}$	"人均 GDP"的对数值
	$\ln SSP_{it}$	2000～2006 年为"（抚恤和社会福利救济费 + 社会保障补助支出 + 行政事业单位离退休经费）/常住人口"的对数值，2007～2017 年为"社会保障和就业支出/常住人口"的对数值
	$(\ln SSP_{it})^2$	$\ln SSP_{it}$ 的平方
	CDR_{it}	$(P_{0-14}/P_{15-64}) \times 100\%$
	ODR_{it}	$(P_{65+}/P_{15-64}) \times 100\%$
	PI_{it}	居民消费价格指数
	D_{it}	虚拟变量 2000～2006 年取值 0，2007～2017 年取值 1

表 7-3 变量的描述性统计

区域	全国样本		东部		中部		西部	
	均值	标准差	均值	标准差	均值	标准差	均值	标准差
$\ln FCP_{it}$	9.00	0.76	9.40	0.73	8.84	0.64	8.74	0.70
$\ln GDPP_{it}$	10.01	0.83	10.49	0.73	9.83	0.72	9.70	0.79
$\ln SSP_{it}$	6.26	1.00	6.23	1.03	6.17	0.90	6.36	1.04
$(\ln SSP_{it})^2$	40.24	12.39	39.91	12.69	38.83	10.88	41.47	12.99
CDR_{it}	25.51	7.75	20.86	7.07	25.43	6.69	29.83	6.43
ODR_{it}	12.30	2.76	13.17	2.48	12.26	2.27	11.52	3.05
PI_{it}	2.26	2.02	2.11	1.87	2.25	2.01	2.42	2.15

人均最终消费对数（$\ln FCP_{it}$）：消费支出是指家庭用于日常生活的全部现金支出，包括食品、衣着、居住、家庭设备及用品、交通通信、文教娱乐、医疗保健、其他 8 大类支出。根据杜森贝利的相对收入理论，消费具有"示范效应"[①] 和"棘轮效应"。所谓"棘轮效应"是指消费形成之后具有不可逆性，习惯效应较大。因此本章加入人均最终消费对数的滞后一阶作为解释变量。此外，人均最终消费与其滞后一阶的关系除几个离群值外几乎完全线性相关。表 7 - 3 显示在人均最终消费对数这个指标上，东部最高、中部居中、西部最低，与我国经济发展水平的东部、中部、西部逐级递减的特征一致。

人均 GDP 对数（$\ln GDPP_{it}$）：消费理论始终把收入作为影响消费的关键因素，本章用人均 GDP 代指收入。理论上讲，无论人均 GDP 代指收入还是经济发展水平，都会促进消费的增加，因此该解释变量的预期符号为正。

人均财政社保支出对数（$\ln SSP_{it}$）：理论上，社会保障可以改变人们的预算约束和对未来收入的预期，从而促进消费的增加。我国关于社会保障对消费影响的研究多数是在线性框架下进行的。由于线性关系一般只描述两者之间的平均趋势关系，不利于动态变化的刻画，少数学者在非线性框架下进行了一些尝试。赵建国和李佳（2012）认为，1979 年以后财政社保支出与消费水平之间存在负向非线性关系。张治觉和吴定玉（2010）认为，由于财富替代效应，保障规模一定程度的扩大会对居民消费产生引致效应。但是根据退休效应，社会保障规模过大会对居民消费产生挤出效应。因此，社会保障一定存在一个最优规模，他们将社会保障的平方项引入到扩展的生命周期模型中分析消费与社会保障的关系。结果表明，1978～1998 年社会保障支出对居民消费产生了引致效应，而 1999～2007

---

① 杜森贝利在《收入、储蓄和消费者行为理论》一书中指出：决定消费者满足程度的不是绝对收入而是相对收入。与自己所在群体的平均收入相比，收入越高，消费者获得的主观幸福感越强。高收入阶层消费支出的增加将直接引致紧邻它的下一收入阶层消费支出的增长，依此类推，进而引致整个社会消费支出水平的上升，这一现象被称为消费"示范效应"。

年财政社会保障支出对居民消费产生了挤出效应。因此，本章也认为居民消费和社会保障之间为二次方关系，将人均财政社保支出对数的平方项引入到方程中。表7-3显示，人均财政社保支出的对数及其平方项两个指标的地区差异并不像经济发展的地区差异那样呈现明显的东高西低之势，人均财政社保支出西部最高，东部居中，中部最低。从标准差来看，西部12个省份内部人均财政社保支出的差异最大，其次为东部和中部。2017年，西部地区人均财政社保支出最高的西藏为4624.93元，最低的广西为1389.26元，两者相差3235.67元；东部地区，2017年人均财政社保支出最高的上海为4388.03元，最低的福建为1008.84元，两者相差3379.19元；中部地区，2017年人均财政社保支出最高的黑龙江为2450.84元，最低的河南省为1213.74元，两者相差1237.10元。

少儿抚养比和老年抚养比（CDR_{it} 和 ODR_{it}）：人口结构将影响一个国家或者地区的劳动力供给情况、社会抚养负担系数、工资水平等宏观经济变量。据跨期消费最优选择理论，这些变量都将对居民消费产生重要影响。但是关于人口结构对消费的影响至今没有定论，比如 Horioka 和 Wan（2007）利用中国省级动态面板数据，分析居民的消费行为。结果表明，少儿抚养比、老年抚养比和总抚养比对消费的影响均无法定论。李文星等（2008）利用我国1989~2004年省级面板数据和 GMM 方法，分析了我国人口结构变化对居民消费的影响。研究结果表明，少儿抚养系数对居民消费具有负向影响，但这种影响不大，老年抚养比对居民消费的影响不显著，因此作者认为中国人口年龄结构并不是中国目前居民消费率过低的原因。表7-3显示，就人口结构而言，东部、中部和西部2000~2017年平均总抚养比分别为34.03%、37.69%和41.35%，而且各地区的少儿抚养比远高于老年抚养比，如西部少儿抚养比为29.83%，而老年抚养比仅为11.52%。

消费价格指数（PI_{it}）：关于 CPI 对居民消费的影响也至今尚无定论。中国人民银行研究局课题组（1999）利用我国1978~1997年储蓄数据发现通货膨胀率对居民储蓄率有负向影响；何丽丽和王飞（2018）利用

2001～2015 年 20 个主要经济省市的面板年度数据，基于门槛回归模型研究了通货膨胀对城镇居民消费支出的影响。研究结果表明，通货膨胀对城镇居民人均实际消费支出呈正向效应，且收入层次越高的城镇居民，通货膨胀对其消费支出的影响作用越显著。表 7－3 显示，2000～2017 年东部、中部和西部 CPI 均值分别为 2.11、2.25 和 2.42，呈现西高东低的递减趋势。

（三）财政社保支出居民消费效应评价的实证结论及结果分析

1. 计量方法

与时间序列数据和横截面数据相比，面板数据更为复杂，通常的普通最小二乘和极大似然估计等方法均要求残差满足较多的基本假定，但现实数据往往不满足这些假定，而广义矩估计（Generalized Method of Moments, GMM）仅要求模型满足一组矩条件，估计起来比较方便，且动态面板 GMM 估计是用差分转换数据，可以克服上述问题和遗漏变量问题。除此之外，动态面板 GMM 的优势主要体现在以下三方面：①动态面板可以包含被解释变量的滞后项，这可以从计量设定角度有效控制消费惯性的影响；②某些解释变量如人均 GDP、CPI 等，可能与人均消费性支出本身同时决定，这就会导致解释变量内生性问题，而动态面板估计量可以有效避免这种内生性问题；③动态面板可以允许模型中包含某些不可观测的、不随时间变化的截面特定效应，如各省经济发展水平、消费理念等。因此，本章将使用动态面板 GMM 方法进行分析。下文将简要介绍动态面板 GMM 估计量。

动态面板模型一般可以写为：

$$y_{it} = \alpha + \rho\, y_{i,t-1} + x'_{it}\beta + z'_i\delta + \mu_i + \varepsilon_{it}\ (t = 2,\ 3,\ \cdots,\ T)$$

这里 x'_{it} 是随时间和个体而变化的外生变量，z'_i 是指随个体变化而不随时间变化的外生变量。μ_i 是个体效应，而 ε_{it} 是随机扰动项。为了解决动态面板模型固有的内生性问题，Anderson 和 Hsiao（1981）提出了差分 GMM 方法的基本思路，其思路是将原模型先做一阶差分消去个体效应，差分表达式为：

$$\Delta y_{it} = \rho \Delta y_{i,t-1} + \Delta x_{it}'\beta + \Delta \varepsilon_{it}$$

这里 $\Delta y_{i,t-1} = y_{i,t-1} - y_{i,t-2}$ 依然与 $\Delta \varepsilon_{it} = \varepsilon_{it} - \varepsilon_{i,t-1}$ 相关，这是因为 $y_{i,t-1}$ 与 $\varepsilon_{i,t-1}$ 相关，因此 $\Delta y_{i,t-1}$ 仍然是一个内生变量，需要找到合适的工具变量才能得到一致估计量。Anderson 和 Hsiao（1981）提出使用 $y_{i,t-2}$ 作为 $\Delta y_{i,t-1}$ 的工具变量，这也被称为"Anderson－Hsiao"估计量。显然可见 $y_{i,t-2}$ 与 $\Delta y_{i,t-1} = y_{i,t-1} - y_{i,t-2}$ 是相关的，如果随机扰动项 ε_{it} 序列无关，则 $y_{i,t-2}$ 与 $\Delta \varepsilon_{it} = \varepsilon_{it} - \varepsilon_{i,t-1}$ 不相关。由于 $y_{i,t-2}$ 只依赖 $\varepsilon_{i,t-2}$，但与 ε_{it} 序列无关，所以 $\varepsilon_{i,t-2}$ 与 ε_{it}、$\varepsilon_{i,t-1}$ 均不相关，因此 $y_{i,t-2}$ 也与 $\Delta \varepsilon_{it} = \varepsilon_{it} - \varepsilon_{i,t-1}$ 不相关，$y_{i,t-2}$ 是一个有效的工具变量。依据同样的逻辑，（$y_{i,t-3}$，$y_{i,t-4}$，…）也应该都是有效的工具变量，因此可以判断 Anderson 和 Hsiao（1981）没有充分地利用信息，"Anderson－Hsiao"估计量并不是最有效率的估计量。Arellano 和 Bond（1991）对这个估计量进行了改进，在 Anderson 和 Hsiao（1981）的基础上增加了更多可用的工具变量（即对于内生变量而言，滞后两阶以上的水平变量均可作为差分方程的工具变量；对先决变量而言，滞后一阶以上的水平变量均可作为工具变量，对外生变量而言，自己可以作为自己的工具变量）形成差分广义矩估计，从而得到一致且更为有效的估计量，这也被称为"Arellano－Bond"估计量，也就是目前被广泛采用的"差分 GMM"方法。这种差分 GMM 方法也存在一些问题：①差分丢失了不随时间变化的变量的估计系数。②如果解释变量仅是前定变量而非严格外生，则差分后 $\Delta x_{it} = x_{it} - x_{i,t-1}$ 就可能会与 $\Delta \varepsilon_{it} = \varepsilon_{it} - \varepsilon_{i,t-1}$ 相关；这是因为前定变量 x_{it} 会与 $\varepsilon_{i,t-1}$ 相关，而这又导致 Δx_{it} 和 $\Delta \varepsilon_{it}$ 相关，最终导致了 Δx_{it} 的内生性。对于这个问题，一个解决方式是用 x_{it} 的滞后项（$x_{i,t-1}$，$x_{i,t-2}$，…）作为 Δx_{it} 的工具变量。③如果 T 很大，就会因为工具变量过多而导致弱工具变量问题，因为一般来说，滞后期越多，相关性会越弱，就越容易导致弱工具变量问题。一般这个问题的处理方式是限制工具变量的个数，只选取滞后几期的变量作为工具变量。④$y_{i,t-2}$ 与 $\Delta y_{i,t-1}$ 的相关性可能很弱，特别是当 $\{y_{it}\}$ 接近随机游走时，就会导致弱工具变量问题（李毅和周金城，2016）。Arellano 和 Bover（1995）、Blundell 和 Bond（1998）给出了系统 GMM 方法克服上述问题，系统 GMM 估计量进一步采用差分变量的滞后项作为水平值的工具变量，相当于进一步增加了可用的工具变量，且估计过程中同时使用水平方程和差分方程。模特卡罗模拟实验表明，在有限样本下，与差分 GMM 相比，系统 GMM 估计的偏差更小，有效性更高。GMM 估计包括一步 GMM 估计和两步 GMM 估计，两步 GMM 估计的标准差存在向下偏倚，虽然这种偏倚经过 Windmeijer（2005）调整后会减小，但是会导致两步 GMM 估计量的近似渐近分布不可靠，因此，在经验应用中通常使用一步 GMM 估计量（Bond，2002），又因为一步系统GMM 较一步差分 GMM 包含更多的信息，可有效控制某些解释变量的内生性问题，从而获得一致性估计。因此，本章使用一步系统 GMM 估计方法进行测算。

动态面板 GMM 估计量的有效性取决于一个关键假设：所使用的工具变量是外生的。因此，使用 GMM 方法估计时需要对工具变量的有效性进行检验。如果矩函数为恰好识别，则对工具变量有效性的检验是无法进行的；如果系统为过度识别，则可以构建统计量对工具变量的联合有效性进行检验。检验过度识别的矩函数中的工具变量是否联合有效的检验被称为过度识别约束检验，常用的方法为 Sargan 检验，检验的原假设为不存在过度识别，工具变量联合有效。另外，需要检验的是误差项是否存在序列相关。在一阶差分方程中，即便原始的残差项序列不相关，差分后的误差项也必然存在一阶序列相关，因此只需要检查差分方程的残差项是否存在二阶（或更高阶）序列相关即可，本章采用 Arellano 和 Bond（1991）提供的方法进行序列相关检验。最后，Wald 检验用来检验模型整体的显著性，即检验除常数项以外，其他变量整体上是否显著。

对于 GMM 估计量是否有效，Bond（2002）指出了一种简单的检验方法，即将 GMM 估计值分别与固定效应估计值及混合 OLS 估计值比较。由于混合 OLS 估计通常严重高估滞后项的系数，而固定效应估计则一般会低估滞后项的系数，因此，如果 GMM 估计值介于两者之间，则 GMM 估计是可靠有效的。

2. 全国样本实证结果及分析

变量设置如下：①外生变量包括少儿抚养比、老年抚养比和统计口径；②内生变量包括人均 GDP、消费价格指数、人均财政社保支出。下文所有操作命令都附加 vce（robust）选项以便得到异方差和序列相关稳定的稳健型标准误。由于动态面板 GMM 估计量采用内部工具变量方法会使工具变量的个数随着解释变量个数呈几何级数递增，而工具变量过多会低估模型的标准差，降低 GMM 估计量的可靠性，因此本实证研究中会尽量减少工具变量个数。

首先用一步系统 GMM 来检验我国人均财政社保支出与人均最终消费之间的关系。如表 7 - 4 的一步系统 GMM 估计所示，固定效应、OLS 和一步系统 GMM 估计的人均最终消费滞后一阶的系数都在 1% 的显著水平下显著影响当期的人均最终消费，且一步系统 GMM 的人均最终消费的滞后一阶的估计系数（0.792）介于固定效应（0.784）和 OLS（0.898）之间，根据 Bond（2002）的检验方法，该估计量是可靠有效的；该模型的 Wald chi2 = 747209.13，对应 $P = 0.0000$，故 Wald 检验在 1% 的显著水平下拒绝了模型系数均为零的假设，表明模型整体显著；Arellano - Bond 检验表明差分后的残差项只存在一阶序列相关而不存在二阶序列相关，故模型的残差项无序列相关；模型中 Sargan = 26.98934，对应的 $P = 1.0000$，因此不能拒绝原假设，即本模型的工具变量联合有效。

表 7 - 4　一步系统 GMM 估计结果（全国样本）

	FE		SYS - GMM （One - step）		OLS	
	系数	标准差	系数	标准差	系数	标准差
$L.lnFCP_{it}$	0.784***	(0.021)	0.792***	(0.047)	0.898***	(0.014)
$lnGDPP_{it}$	0.177***	(0.021)	0.157***	(0.045)	0.097***	(0.015)
$lnSSP_{it}$	0.038	(0.032)	0.044	(0.064)	0.028	(0.034)
$(lnSSP_{it})^2$	-0.001	(0.002)	-0.001	(0.003)	-0.002	(0.003)

续表

	FE		SYS – GMM （One – step）		OLS	
	系数	标准差	系数	标准差	系数	标准差
CDR$_{it}$	0. 002 **	（0. 001）	0. 003 *	（0. 002）	0. 001 **	（0. 001）
ODR$_{it}$	0. 001	（0. 001）	− 0. 001	（0. 001）	0. 003 ***	（0. 001）
PI$_{it}$	0. 007 ***	（0. 001）	0. 008 ***	（0. 001）	0. 009 ***	（0. 001）
D$_{it}$	− 0. 017 *	（0. 009）	− 0. 017 ***	（0. 004）	− 0. 006	（0. 007）
常数项	− 0. 038	（0. 141）	− 0. 025 ***	（0. 203）	− 0. 121	（0. 115）
样本量（个）	527		496		527	
Wald chi2			747209. 13（$P = 0.0000$）			
Sargan			26. 98934 （$P = 1.0000$）			
AR （1）			− 3. 0767 （$P = 0.0021$）			
AR （2）			0. 10092 （$P = 0.9196$）			

注：括号内为 z 值；* 、** 、*** 分别表示在 10% 、5% 和 1% 的显著水平下显著，没有 *号代表没有通过显著性检验。

人均最终消费对数滞后一阶（L.lnFCP$_{it}$）：三种估计结果均表示该变量系数在 1% 的显著水平下显著，且一步系统 GMM 估计系数为 0.792，这说明我国居民消费具有较强的惯性或持续性，且这种惯性的存在对我国居民消费具有较强的正面推动作用。具体来讲，滞后一阶的人均最终消费每提高 1%，居民当期人均最终消费将提高 0.792%。这表明，消费惯性的影响对居民当期消费水平的影响较大。同时也表明，如果在消费的决定因素实证分析中忽略消费惯性的影响，极可能会导致不稳健的估计结果。

人均 GDP 对数（lnGDPP$_{it}$）：该变量用来代指人均收入，三种估计结果均表示该变量系数在 1% 的显著水平下显著。一步系统 GMM 估计系数为 0.157，这表明人均 GDP 每提高 1%，居民当期人均消费性支出将提高 0.157%，该结论与传统消费理论和已有实证研究保持一致。

人均财政社保支出对数及平方项（lnSSP$_{it}$和（lnSSP$_{it}$）^{2}）：这两个变量系数的三种估计结果即使在 10% 的显著水平也不显著，即就全国样本而言，人均财政社保支出对人均最终消费的促进作用不显著。本章认为有以下几方面原因：①整体而言，我国财政性社会保障水平并不高，社会保障对弱化居民不安全预期、促进居民消费有一定的作用，但影响有限；②社会保障会诱导居民发生引致退休效应，减少消费，增加储蓄，以保障退休后的生活；③社会保障制度改革使城乡居民的不确定性预期增强，为了防范可能出现的风险就需要更多的财富，因此导致人们在收入水平提高的同时提高自己的财富目标值，最终表现为居民储蓄的增加，消费的减少（郑善乐，2013）。

少儿抚养比和老年抚养比（CDR_{it} 和 ODR_{it}）：研究结果基本证明老年抚养比对人均最终消费影响不显著，而少儿抚养比在 5% 或 10% 的显著水平下显著促进人均最终消费的增加。一步系统 GMM 估计系数表明，少儿抚养比每增加 1 个单位，人均最终消费将增加 0.3%。生命周期假说认为，老年人口只消费过去积累的储蓄，因此老年抚养比应该与储蓄率负相关，与消费率正相关。但是本部分研究结论并不支持生命周期假说，这是由中国特有的国情决定的。首先，老年抚养比的提高会降低用于积累和投资的产出，影响未来产出规模和就业，从而抑制居民消费；其次，中国老年人遗赠动机较强，且因为我国社保体系不健全，老人会保留储蓄以备不时之需，这都会抑制消费的增加；最后，以家庭为主的养老模式会加重下一代的赡养负担，使得下一代增加储蓄，减少消费。因此，我国老年抚养比的提高可能并不会促进消费增加。少儿抚养比与家庭消费同向相关，这一结论支持生命周期假说，同时也符合中国实际情况，因为我国独有的计划生育政策导致我国的家长比较注重孩子在各个方面的投资，比如教育投资和健康投资等，这必然会促进消费的发展。

消费价格指数（PI_{it}）：2000~2017 年共 558 个 CPI 数据，其最大值为 10.1，最小值为 -3.3，均值为 2.26，标准差为 2.02。因此数据比较集中，而且按照通货膨胀区分标准，在发达国家一般将低于 3% 的物价上涨界定为温和型通货膨胀；对于发展中国家，由于经济发展较快，界定低于 5% 为温和型通货膨胀。本章样本期内 86.7% 的 CPI 数据低于 5%，因此，样本期间内我国基本属于温和型通货膨胀。许多经济学家认为，温和良性的通货膨胀有利于消费增加，是因为货币数量增加可降低利率、刺激投资增加、扩大生产规模从而增加就业，提高居民收入，达到刺激消费的效果。本部分三种方法的研究结果均表明该变量系数在 1% 的显著水平下正向促进消费增加。一步系统 GMM 估计系数表明，CPI 每增加 1 个单位，人均最终消费将增加 0.7%，因此支持温和型通货膨胀刺激消费的观点。

统计口径（D_{it}）：研究结果基本表明，统计口径变化对人均最终消费影响显著。这说明新旧口径的统计存在一定的差异，且统计口径调整以后对消费的促进作用减少，可能的原因是新的统计口径包含的内容更加广泛[1]，对消费促进力度较小，而旧的统计口径虽然较窄，但是所包含的内容对消费促进力度较大。

3. 分地区实证结果及分析

作为政府提供的主要公共用品，社会保障应该满足每一个社会成员的需求。但是我国经济发展不均衡现象明显，东部、中部和西部的差距较大。从财政收支角度分析，经济发达区域财政收入水平一般较高，提供社会保障公共服务造成的财政负担也比较小；而经济落后地区财政收入水平一般较低，提供社会保障公共服务造成的财政负担也比较大，这样就形成了社会保障的区域差异。但是社会保障区域差异除与经济发展程度相关联外，与人口结构、产业结构和经济体制的关联度也很高。表 7 - 5 所示，2000 年以来，东部和西部的人均财政社会保障支出较高，且西部高于东部的情况较多，中部的社会保障水平一直最低。过低的社会保障水平根本无法保障其功能的实现，相反还会产生一系列社会问题。就政府社保支出的

---

① 根据《中国统计年鉴（2008）》统计指标解释，从 2007 年开始财政收支科目实施了较大改革，财政支出项目使用新的统计口径。新统计口径中的社会保障和就业是指政府在社会保障与就业方面的支出，包括社会保障和就业管理事务、民政管理事务、财政对社会保险基金的补助、补充全国社会保障基金、行政事业单位离退休、企业改革补助、就业补助、抚恤、退役安置、社会福利、残疾人事业、城市居民最低生活保障、其他城镇社会救济、农村社会救济、自然灾害生活救助、红十字事务等。旧统计口径主要包括抚恤和社会福利救济费、社会保障补助支出、行政事业单位离退休经费。

居民消费效应而言，过低的社会保障可能无法起到促进消费稳定增长的作用。因此，为了研究财政社保支出消费效应的区域差异，下文将基于一步系统 GMM 估计方法研究中国东部、中部和西部不同的社会保障水平对消费的影响。

表 7–5 东部、中部和西部历年人均财政性社会保障水平　　单位：元

年份	东部	中部	西部	年份	东部	中部	西部
2000	122.63	102.1414	123.5757	2009	734.46	634.2263	829.8911
2001	158.94	131.6986	165.3563	2010	803.93	663.6085	967.2347
2002	196.88	171.4792	231.3935	2011	965.77	796.2216	1187.42
2003	237.51	206.7799	247.9764	2012	1082.83	887.1432	1342.763
2004	282.97	254.097	271.3019	2013	1196.65	1044.687	1463.312
2005	340.09	300.1445	311.7009	2014	1311.50	1144.573	1587.559
2006	416.66	350.9886	368.7369	2015	1595.28	1363.44	1866.334
2007	553.56	414.6155	457.1126	2016	1885.52	1472.906	2290.843
2008	658.33	509.7145	626.2939	2017	2134.52	1698.555	2295.012

资料来源：历年《中国统计年鉴》。

（1）东部地区。表 7–6 分析了东部 11 省（市，自治区）的人均财政社保支出对居民人均最终消费的影响。表 7–6 显示，固定效应、OLS 和一步系统 GMM 估计的人均最终消费的滞后一阶都在 1% 的显著水平下显著影响当期的人均最终消费，且一步系统 GMM 的人均最终消费的滞后一阶的估计系数（0.814）介于固定效应（0.751）和 OLS（0.863）之间，根据 Bond（2002）的检验方法，该估计量是可靠有效的；该模型的 Wald chi2 = 92114.504，对应 $P = 0.0000$，故 Wald 检验在 1% 的显著水平下拒绝了模型系数均为零的假设，表明模型整体显著；Arellano – Bond 检验表明差分后的残差项只存在一阶序列相关而不存在二阶序列相关，故模型的残差项无序列相关；模型中 Sargan = 259.632，对应的 $P = 0.3245$，因此不能拒绝原假设，即本模型的工具变量联合有效。

表7-6　一步系统 GMM 估计结果（东部）

	FE		SYS – GMM (One – step)		OLS	
	系数	标准差	系数	标准差	系数	标准差
$L.lnFCP_{it}$	0.751***	(0.033)	0.814***	(0.021)	0.863***	(0.023)
$lnGDPP_{it}$	0.249***	(0.033)	0.212***	(0.023)	0.152***	(0.028)
$lnSSP_{it}$	-0.054	(0.044)	-0.07**	(0.034)	-0.053	(0.043)
$(lnSSP_{it})^2$	0.006*	(0.003)	0.005**	(0.003)	0.004	(0.003)
CDR_{it}	0.002*	(0.001)	0.002***	(0.001)	0.002**	(0.001)
ODR_{it}	-0.0002	(0.002)	0.001	(0.001)	0.001	(0.001)
PI_{it}	0.004**	(0.002)	0.005***	(0.001)	0.006***	(0.002)
D_{it}	-0.02*	(0.012)	-0.017**	(0.009)	-0.013	(0.01)
常数项	-0.126	(0.206)	-0.216	(0.136)	-0.097	(0.133)
样本量（个）	187		187		187	
Wald chi2			92114.504($P=0.0000$)			
Sargan			259.632　($P=0.3245$)			
AR（1）			-2.3052　($P=0.0212$)			
AR（2）			0.41082　($P=0.6812$)			

注：括号内为 z 值；*、**、***分别表示在10%、5%和1%的显著水平下显著，没有*号代表没有通过显著性检验。

表7-6显示，人均最终消费对数滞后一阶的系数值三种情况下均在1%的显著水平下显著。且一步系统 GMM 估计系数表明，上期人均最终消费每增加1%，当期人均最终消费将增加0.814%。人均 GDP 对数的系数三种估计结果均表明人均 GDP 在1%的显著水平下显著促进人均最终消费。一步系统 GMM 估计系数表明，人均 GDP 每增加1%，人均最终消费将增加0.212%。人均财政社保支出及其平方项仅在一步系统 GMM 情况下，估计系数均在5%的显著水平下显著。样本区间内，人均财政社保支出和人均最终消费之间呈现 U 形抛物线式相关，即人均财政社保支出对人

均最终消费的促进作用呈现先下降后上升的趋势，当人均财政社保支出对数等于7时对人均最终消费的促进作用最小，而东部人均财政社保支出对数的样本均值为6.23。就人口结构而言，老年人口抚养比对人均最终消费的作用三种情况下均不显著，但少儿人口抚养比三种情况下均显著促进了人均最终消费的增加。根据一步系统GMM估计系数，少儿抚养比每增加1个单位，人均最终消费将增加0.2%。CPI三种情况下均显著促进人均最终消费的增加，一步系统GMM估计系数表明CPI每增加1个单位，人均最终消费将增加0.5%。统计口径系数基本可以认为显著为负。

（2）中部地区。表7-7分析了中部8省（市、自治区）人均财政社保支出对居民人均最终消费的影响。表7-7显示，固定效应、OLS和一步系统GMM估计的人均最终消费滞后一阶都在1%的显著水平下显著影响当期的人均最终消费，且一步系统GMM的人均最终消费滞后一阶的估计系数（0.812）介于固定效应（0.790）和OLS（0.890）之间，根据Bond（2002）的检验方法，该估计量是可靠有效的；该模型的Wald chi2 = 70628.091，对应$P=0.0000$，故Wald检验在1%的显著水平下拒绝了模型系数均为零的假设，表明模型整体显著；Arellano - Bond检验表明差分后的残差项只存在一阶序列相关而不存在二阶序列相关，故模型的残差项无序列相关；模型中Sargan = 153.2316，对应的$P=0.3038$，因此不能拒绝原假设，即本模型的工具变量联合有效。

表7-7 一步系统 GMM 估计结果（中部）

	FE		SYS - GMM (One - step)		OLS	
	系数	标准差	系数	标准差	系数	标准差
$L.\ln FCP_{it}$	0.790 ***	(0.049)	0.812 ***	(0.040)	0.890 ***	(0.038)
$\ln GDPP_{it}$	0.064 *	(0.037)	0.085 ***	(0.031)	0.063 *	(0.034)
$\ln SSP_{it}$	0.112	(0.077)	0.161 **	(0.064)	0.171 **	(0.085)
$(\ln SSP_{it})^2$	0.001	(0.007)	- 0.006	(0.006)	- 0.011	(0.007)

	FE		SYS – GMM (One – step)		OLS	
	系数	标准差	系数	标准差	系数	标准差
CDR_{it}	0.001	(0.002)	0.002 *	(0.001)	0.002 **	(0.001)
ODR_{it}	− 0.004	(0.004)	− 0.001	(0.002)	0.002	(0.002)
PI_{it}	0.008 ***	(0.002)	0.008 ***	(0.001)	0.009 ***	(0.002)
D_{it}	− 0.011	(0.015)	− 0.011	(0.010)	− 0.003	(0.012)
常数项	0.626	(0.384)	0.108	(0.285)	− 0.251	(0.287)
样本量（个）	136		136		136	
Wald chi2			70628.091（P = 0.0000）			
Sargan			153.2316（P = 0.3038）			
AR（1）			− 2.0554（P = 0.0398）			
AR（2）			1.2098（P = 0.2263）			

注：括号内为 z 值；*、**、***分别表示在 10%、5% 和 1% 的显著水平下显著，没有 * 号代表没有通过显著性检验。

如表 7 – 7 所示，人均最终消费对数滞后一阶在三种情况下均在 1% 的显著水平下显著促进人均最终消费的增加，且一步系统 GMM 估计系数表明上期人均最终消费每增加 1%，当期人均最终消费将增加 0.812%。人均 GDP 对数三种估计结果表明人均 GDP 在 1% 或 10% 的显著水平下显著促进人均最终消费的增加。一步系统 GMM 估计系数表明人均 GDP 每增加 1%，人均最终消费将增加 0.085%。人均财政社保支出对数在一步系统 GMM 和 OLS 情况下，估计系数均在 5% 的显著水平下显著，但人均财政社保支出对数平方项的系数三种情况下均不显著，说明对中部地区而言人均财政社保支出对人均最终消费起到了一定的促进作用，但样本区间内人均财政社保支出和人均最终消费两个变量之间并未呈现明显的 U 形或者倒 U 形关系。就人口结构而言，老年抚养比三种情况下对中部的人均最终消费均无显著影响，而少儿抚养比在一步系统 GMM 和 OLS 情况下分别在 10% 和 5% 的显著水平下显著促进人均最终消费的增加，一步系统 GMM 估算系数表明少儿抚养比每增加 1 个单位, 人均最终消费将增加 0.2%。CPI 在三种情况下均在 1% 的显著水平下显著促进人均最终消费的增加, 一步系统 GMM 估计系数表明 CPI 每增加 1 个单位, 人均最终消费将增加 0.8%。统计口径三种情况下对人均最终消费促进作用均不显著, 可能是对于中部地区而言, 统计口径的调整并没有显著影响财政社会保障的明显变动。

(3) 西部地区。表 7 - 8 分析了西部 12 省 (市、自治区) 人均财政社保支出对居民人均最终消费的影响。表 7 - 8 显示, 固定效应、OLS 和一步系统 GMM 估计的人均最终消费滞后一阶系数都在 1% 的显著水平下显著影响当期的人均最终消费, 且一步系统 GMM 的人均最终消费滞后一阶的估计系数 (0.731) 介于固定效应 (0.700) 和 OLS (0.887) 之间, 根据 Bond (2002) 的检验方法, 该估计量是可靠有效的; 该模型的 Wald chi2 = 22488.675, 对应 $P = 0.0000$, 故 Wald 检验在 1% 的显著水平下拒绝了模型系数均为零的假设, 表明模型整体显著; Arellano - Bond 检验表明差分后的残差项只存在一阶序列相关而不存在二阶序列相关, 故模型的残差项无序列相关; 模型中 Sargan = 282.7265, 对应的 $P = 0.2170$, 因此不能拒绝原假设, 即本模型的工具变量联合有效。

如表 7 - 8 所示, 人均最终消费对数滞后一阶在三种情况下均在 1% 的显著水平下显著促进人均最终消费的增加, 一步系统 GMM 估计系数表明上期人均最终消费每增加 1%, 当期人均最终消费将增加 0.731%。人均 GDP 对数三种情况下分别在 1% 或 5% 的显著水平下显著促进人均最终消费的增加, 一步系统 GMM 估计系数表明人均 GDP 每增加 1%, 人均最终消费将增加 0.246%。人均财政社保支出对数及平方项的系数三种情况下均不显著, 说明人均财政社会保障水平对西部人均最终消费并没有产生显著影响。人口结构中, 老年抚养比三种情况下对人均最终消费均无显著促进作用, 但少儿抚养比的一步系统 GMM 估计系数在 10% 的显著水平下显著促进人均消费的增加, 少儿抚养比每增加 1 个单位, 人均最终消费将增加 0.8%。CPI 的一步系统 GMM 估计系数在 5% 的显著水平下显著促进人均最终消费的增加, CPI 每增加 1 个单位, 人均最终消费将增加 0.9%。统计口径三种情况下的估计系数均不显著。

表 7 – 8　一步系统 GMM 估计结果（西部）

	FE		系统 GMM （One – step）		OLS	
	系数	标准差	系数	标准差	系数	标准差
L. $\ln FCP_{it}$	0.700 ***	(0.102)	0.731 ***	(0.094)	0.887 ***	(0.042)
$\ln GDPP_{it}$	0.281 ***	(0.111)	0.246 **	(0.107)	0.110 **	(0.03743)
$\ln SSP_{it}$	0.004	(0.045)	0.030	(0.065)	0.036	(0.072)
$(\ln SSP_{it})^2$	0.001	(0.003)	– 0.001	(0.004)	– 0.003	(0.005)
CDR_{it}	0.005	(0.004)	0.008 *	(0.005)	0.005 *	(0.003)
ODR_{it}	0.007	(0.006)	0.006	(0.004)	0.002	(0.002)
PI_{it}	0.007	(0.004)	0.009 **	(0.004)	0.011 ***	(0.003)
D_{it}	– 0.020	(0.020)	– 0.027	(0.018)	– 0.009	(0.016)
常数项	– 0.322	(0.378)	– 0.386	(0.441)	– 0.203	(0.215)
样本量（个）	204		204		204	
Wald chi2			22488.675（$P = 0.0000$）			
Sargan			282.7265（$P = 0.2170$）			
AR（1）			– 2.0136（$P = 0.0441$）			
AR（2）			– 0.58185（$P = 0.5607$）			

注：括号内为 z 值；*、**、*** 分别表示在 10%、5% 和 1% 的显著水平下显著，没有 * 号代表没有通过显著性检验。

三、本章小结

我国目前社会保障支出分为预算内和预算外两部分。预算内的社会保障支出主要包括抚恤和社会福利救济支出、社会保障补助支出以及行政事业单位离退休经费；预算外的社会保障支出主要是政府举办的五大社会保险支出，本章主要分析预算内社会保障支出（即财政社会保障支出）对消费的影响。由于统计口径的变化，2000～2006年财政社会保障支出值为"抚恤和社会福利救济费＋社会保障补助支出＋行政事业单位离退休经费"，2007～2017年财政社会保障支出值为"社会保障和就业"。

　　基于一步系统GMM方法利用2000～2017年宏观数据计算了全国、东部、中部和西部的人均财政社保支出对人均最终消费的影响。就全国样本而言，人均财政社保支出对人均最终消费并无显著影响，说明我国当前财政社会保障支出在全国范围内并没有消除居民的后顾之忧，现阶段我国居民对未来的不确定性预期较大。就东部而言，人均财政社保支出对人均最终消费的促进作用在5%的显著水平下显著，并呈现先下降后上升的趋势。当人均财政社保支出对数超过7时，人均财政社保支出对人均最终消费的促进作用将会逐渐增大，而东部人均财政社保支出对数的样本均值为6.23。因此，东部地区的财政社保支出需要进一步增加。就中部而言，人均财政社保支出对数的一步系统GMM估计系数均在5%的显著水平下显著，但人均财政社保支出对数平方项的系数三种情况下均不显著。因此，人均财政社保支出对中部人均最终消费也存在一定促进作用。对于西部地区而言，人均财政社保支出对人均最终消费无显著影响。财政性社会保障支出之所以对东部、中部、西部有不同的影响，主要是因为我国区域经济发展不平衡，省际间的财政社会保障支出水平也不相同，有的甚至相差很大。另外，虽然居民近年来收入不断增长，但是相对于经济的发展速度而言仍然存在很大的滞后性，再加上近年来教育、住房和医疗成本的不断提高，这些因素都将导致居民的预防性储蓄增加，消费减少。

第八章
研究结论与研究展望

社会保障涉及面较广，包括教育、医疗、养老、失业、抚恤等，但由于数据可得性，本书选取社会保障中的部分问题，采用现代计量经济分析方法研究社会保障对消费、经济增长等方面的影响。主要结论如下：

（一）社会保障正向促进微观家庭消费

利用 PSM 方法分析各类社会保障对消费的影响，因为 PSM 方法不需要对函数形式做出任何假定，且可以避免"非共同支撑"和"非平行"偏差。

基于国家统计局 2009 年 CUHIES 数据的研究。本部分的参保家庭为参加养老保险、住房公积金、医疗保险任意两种的家庭，非参保家庭不参加任何种类的保险。首先，本部分研究了社会保障对人均家庭总支出的处理效应。研究结果显示，核匹配、最近邻匹配和半径匹配估算出的处理效应分别为 1785.9 元、1584.8 元和 1720.5 元，均值为 1697.1 元。另外本部分还估算了社会保障对人均消费性支出的处理效应。核匹配、最近邻匹配和半径匹配估算出的处理效应分别为 1176.6 元，1039.5 元和 1276.8 元，均值为 1164.3 元。

基于 2007 年 CHIPS 数据库的研究。本部分基于城镇家庭调查截面数据分四种情形研究各种社会保障对人均消费性支出的处理效应。情形Ⅰ定义参加四险一金（医疗、失业、养老、工伤、住房）中任意两种的家庭为参保家庭，参加任意一种或者不参加任何保险的家庭为非参保家庭。然后利用 PSM 方法分析了 2007 年社会保障对人均消费性支出的影响，核匹配、最近邻匹配和半径匹配计算出的处理效应分别为 969 元、831.1 元和 775.1 元，平均为 858.4 元。情形Ⅱ的处理组与情形Ⅰ一致，但是控制组定义为不参加任何一种保险的家庭，其核匹配、最近邻匹配和半径匹配的计算结果分别为 1003.1 元、996.3 元和 984.5 元，平均为 994.6 元。情形Ⅲ和情形Ⅳ的处理组均为参保种类齐全的家庭（即医疗、失业、养老和工伤保险以及住房公积金均参加），控制组分别为不参加任何保险的家庭和不参加全部保险的家庭。情形Ⅲ利用核匹配、最近邻匹配和半径匹配计算的 ATT 分别为 1066.7 元、1091.0 元和 1100.8 元，平均为 1086.2 元。情形Ⅳ利用核匹配、最近邻匹配和半径匹配计算的 ATT 分别为 691.4 元、710.0 元和 683.2 元，平均为 694.9 元。最后，本部分还基于情形Ⅲ根据家庭人均收入、户主就业情况和户主年龄分组考虑了社会保险对消费促进作用的异质性。

（二）"公费医疗或统筹"保险可增加个人医疗总支出但对自付支出影响不显著

基于处理效应模型采用 2007 年 CHIPS 城镇家庭调查横截面数据，以个人为单位，分析 CHIPS 数据中包含的 3 类医疗保险（公费医疗或统筹、商业医疗保险、新农合）对个人 2007 年全年个人医疗现金总支出和个人实际支付费用的影响进行分析。

"公费医疗或统筹"的平均总医疗支出效应为 305.7 元，且统计学意义上显著，自付医疗支出效应为 -153.4 元，但统计学意义上不显著。"商业医疗保险"的平均总医疗支出效应为 352.8 元，但统计学意义上不显著。其平均自付医疗支出效应为 23.0 元，且统计学意义上不显著。以上两种保险都对总医疗支出具有正效应，主要的原因可能包含两个：①由于自付医疗支出的降低，居民会增加有效医疗需求，从而促进医疗消费和健康提升；②对于患者可以报销的检查项目或者药物，医生可以在不增加患者经济负担的情况下增加其使用量，从而增加总医疗支出，浪费国家资源。最后，"新农合"的平均总医疗支出效应为 197.7 元，但统计学意义上不显著。其自付医疗支出效应为 -101.8 元，且统计学意义上显著。可能的原因是"新农合"确实具有减轻居民医疗负担的作用，或者处理组主要包含的是城镇居民从而导致显著负自付医疗支出的处理效应。

（三）经济增长效应与社会保障力度正相关

长期以来，理论界围绕社会保障与经济增长的关系一直争论不断。新古典学派认为物质资本是经济增长的源泉；新经济增长理论认为，经济增长主要取决于人力资本积累和技术进步等因素，且社会保障与经济增长关系的实证研究也并没有达成一致意见。在实证研究过程中，传统计量方法面临着种种问题，比如缺少相关理论模型、缺失变量引起的内生性和相关性、现实数据不满足某些模型的假定和约束条件等。因此，计量经济学于 20 世纪 30 年代开始基于观测数据、经济理论和统计学方法构造了大量计量经济模型构建"反事实"状态来计算经济政策的宏观处理效应。

运用中国地级市面板数据，基于 HCW 方法，以浙江省嘉兴市为例，定量分析新农合对第一产业经济增长的处理效应。结果表明，新农合具有显著的正向处理效应，平均每年促进第一产业经济增长 0.17 个百分点，对经济增长的年平均贡献率约为 2.75%。因此，我们发现新农合确实对经济发展起到了促进作用，且该作用随着社会保障投入力度的加大逐年递增。

（四）政府财政社会保障支对居民最终消费的影响具有区域性差异

由于我国财政分权体制，目前大部分财政社会保障支出都属于地方政府支出，财政社会保障支出方面存在明显的区域差异，财政社会保障的区域差异并不像经济发展的区域差异那样呈现明显的东高西低之势，因为它虽然与经济发展程度相关联，但是并不完全取决于经济发展一个因素，与人口结构、产业结构和经济体制的关联度也很高。经济发达地区社会保险基金收缴较好且财政收入较高，不需要靠国家转移支付维持。而经济欠发达地区社会保险基金收缴困难，财政收入较低，且老职工太多，因此需要靠国家的转移支付维持。现实情况是，自1998年以来，东部、西部的人均财政社会保障支出较高，且西部高于东部的情况较多，中部的保障水平一直最低。

利用2000~2017年宏观面板数据基于一步系统GMM方法计算了全国、东部、中部和西部人均财政社保支出对人均最终消费的影响。全国和西部样本的一步系统GMM估算系数均显示，人均财政社保支出对人均最终消费并无显著影响。因此，虽然西部人均财政社保支出高于东部和中部，但这并不足以降低西部居民对未来的不确定性预期。东部样本估算系数显示，在一步系统GMM情况下人均财政社保支出对数及平方项估计系数均在5%的显著水平下显著。样本区间内，人均财政社保支出和人均最终消费之间呈现U形抛物线式相关，当人均财政社保支出对数超过7时对人均最终消费的促进作用会逐渐增大，而目前东部的人均财政社保支出对数的样本均值为6.23。中部地区人均财政社保支出对数的一步系统GMM估计系数在5%的显著水平下显著，人均财政社保支出对人均最终消费也存在一定促进作用。所以，我国财政社保支出的消费效应具有区域性差异，呈现东部、中部和西部消费效应逐渐递减的区域分布。

二、政策含义

本书之所以分析社会保障各组成部分对消费和经济增长的影响，是因为中国社会保障水平适度提高对拉动消费、推动经济增长是有好处的，但是本书并不提倡国家福利主义。首先，我国现在为发展中国家，无力提供"从摇篮到坟墓"的高福利。其次，社会保障水平应该与经济发展水平相适应，过低的保障水平无法保证居民的基本生活需求，不利于社会安定团结；过高的社会保障会挫伤劳动者积极性，不利于经济社会的健康发展。最后，建立健全同经济发展水平相适应的社会保障体系是一个渐进的过程，现阶段社会保障体系发展的滞后并不代表拐点不存在，只是这项任务比较艰巨，需要政府、社会和公众等各方面付出更多的努力才能实现。

（一）扩大社会保障覆盖范围，加大社会保障投入力度

2009 年国家统计局 CUHIES 数据和 2007 年 CHIPS 数据的计算结果都表明参加社会保障家庭较不参加社会保障家庭（或者参加社会保障种类较多家庭较参加社会保障种类较少家庭）的消费支出有不同程度的提高。因此，站在"扩大内需，刺激消费"的立场上，应该扩大社会保障覆盖范围、加大社会保障投入力度。

近年来，提高社会保障的覆盖范围一直是政府明确确定的工作目标，因为一个国家存在大量未被社会保障制度覆盖的人群，对整个社会经济的持续发展是不利的。首先，一旦这部分人群遭受风险，则无法保证其基本生活；其次，对于收入分配格局的改善也不利。根据《中国统计年鉴（2019）》相关数据，2018 年基本养老保险、城乡居民基本养老保险、失业保险、基本医疗保险、工伤保险和生育保险的参保人数占我国总人口的

比率分别为 67.58%、37.55%、14.08%、96.36%、17.11% 和 14.64%，因此，除基本医疗保险外其他险种的参保率有较大的提高空间。首先，应该积极扩大就业，因为很多企事业单位可以提供参加各种保障的机会，而且只有就业才能为劳动者现在的生活和退休后的养老提供经济来源和资金积累。其次，我国社会保障制度尚存在财务可持续性不强、公平性不足、有效性不高等问题，因此要进行社保制度改革，否则不利于社会保障扩面工作实施。

扩大覆盖范围与提高保障投入力度是相辅相成的，如果没有足够的保障水平，扩面就会遭遇阻力，或者干脆就没有任何意义可言。但是目前我国社会保障制度一个明显的特征是"低水平，广覆盖"，这主要是经费不足导致的结果。因此，应该通过扩展投资渠道和充实社会保障基金，通过调整投资结构提高社保基金的自我平衡能力，以及加强基金监管等措施使社会保障基金在可持续的同时逐步提高其支出水平。

（二）平衡发展各种医疗保险制度

"公费医疗或统筹"为所研究险种中参保比例最大的险种，约占总样本的 70%。研究的实证结果表明该险种对总医疗支出的处理效应统计意义上较显著，为 305.7 元，且从分布情况来看，对自付医疗支出的处理效应绝大部分分布在 $-500 \sim 0$ 元之间。因此，虽然该险种增加了总的医疗支出，但是确实在一定程度上起到了减轻城镇居民医疗负担的作用。如果是医疗保险本身降低的医疗费用刺激医疗需求而使总医疗费用增加，则说明医疗保险确实可以有效改善居民"有病不医"的状况，同时可以降低居民实际医疗负担。此时，国家应该进一步完善医疗保险制度，在医疗价格不变的情况下加大报销力度，并且进一步加大该险种的参保比例。若总医疗支出费用的增加是由于"过度医疗"所致，政府应该在医改的过程中采取有效措施防止"过度医疗"。

"商业医疗保险"对总医疗支出和自付医疗支出都有正向作用，但均不显著。这说明商业医疗保险并没有起到为被保险人提供医疗保障的作用。而"新农合"参保人与城镇未参保人相比，自付医疗支出低101.8元，且统计意义显著。可能的原因是"新农合"确实降低了参合人员的医疗负担；也有可能是"新农合"在城镇报销比例较小甚至不能报销，此时参合居民必然会减少不必要的医疗项目开支，从而降低医疗费用。

（三）实现城乡医疗统筹，加大农村医疗扶持力度

研究表明，新农合对经济增长起到了正向促进作用，该结果在目前我国"人口红利"日渐枯竭且投资效率低下的情况下具有积极意义，因为它为经济增长开辟了新的源泉。为了充分发挥农村医疗保险制度对经济增长的拉动作用，有关政府部门和企业应该从以下几方面采取措施。①虽然目前新农合制度已经基本被城乡居民基本医疗保险制度取代，农村已经基本实现医疗保险全覆盖，但这是低水平的全覆盖。2012年，我国乡镇卫生院和各级医院的人均住院费用分别为1140.7元和6980.4元，而2012年新农合实际住院补偿比达到55%，即农民在乡镇卫生院和医院住院的自付费用大约分别为513元和3141元，分别占当年人均消费支出（5908.02元）的8.6%和53.2%，农民住院自付费用很可能超过国际大病灾难性支出标准（40%）。2018年，人均医疗保健支出为1240.1元，人均消费支出为12124.3元，人均医疗保健支出占人均消费支出的10.2%。因此，我国的低水平覆盖并不能解决农民"因病致贫、因病返贫"的问题，这必然会对经济发展造成不利影响。按照实证研究结论，提高补偿比例也会通过刺激消费和提高人力资本等途径驱动经济发展。而且，近年来，我国财政收入总量较大且增速较高，2000年为13395.23亿元（当年价），2018年为183359.84亿元（当年价），名义增长率为1268.84%，这为增加财政对农村医疗保险的支持力度提供了可能。为了进一步促进经济增长，我国应逐步加大农村医疗保险支持力度，实现城乡医疗统筹。②根据凯恩斯消费理论，边际消费倾向随着收入的增加而递减，低收入人群的边际消费倾向较高，提高该群体的医疗保险补偿标准可以更大限度地刺激其消费，对经济增长的促进作用更大。因此，政府应提高收入水平较低的农村居民特别是

中西部农村居民的医疗保险补偿力度。③目前农村医疗保险过窄的补偿范围和落后的补偿方式会阻碍其对经济发展的正向驱动。所以,首先应该扩大补偿范围,比如将护理服务和恢复性治疗纳入保险补偿体系,满足不同患者对医疗的不同需求;其次农村医疗保险的需方补偿和后付补偿模式导致农民获得补偿的程序复杂,并且可能造成过度医疗等不合理现象,因此应该积极改革支付方式,尝试供给方补偿和先付制补偿模式,减少报销程序和有效控制医疗费用不合理增长。

(四) 全面提高财政社会保障支出水平并向农村和中部地区倾斜

相对于世界发达国家而言,我国社会保障水平较低。2001年劳动和社会保障部《劳动和社会保障事业发展第十个五年计划纲要》在"社会保险资金筹集和管理"部分指出:逐步将社会保障支出占财政支出的比重提高到15%～20%。但是直到2018年该比重仅为12.38%,比重提高到15%～20%的目标一直没有实现。因此,我国财政社会保障水平有较大的提高空间。

首先,必须调整财政支出结构,加大财政社会保障投入力度,更好地满足人民群众的需要;其次,拓宽社会保障筹资渠道,比如通过发行福利彩票、发展慈善事业、开征社会保障税等渠道更好地为社会保障筹集资金;最后,为了更好地发挥社会保障支出应有的功能,提高财政社会保障支出的效益,需要加强财政社会保障支出管理,规范社会保障支出渠道,逐步建立起结构合理、制度健全、运行高效、管理科学的社会保障支出体系。

此外,由于我国财政社会保障支出方面存在明显的区域差异,中部地区支出水平最低。根据"统筹城乡、区域、经济社会发展"的思想,今后应该在提高东部和西部地区社会保障支出水平的同时,将政策向中部地区倾斜,保持中部地区社会保障支出适度增长是我国经济发展过程中必须关注的问题。

三、研究展望

虽然笔者力求研究的严谨性，尽力提高实证部分的可信度，但是由于主观、客观等因素的影响，本书仍存在一些不足之处。

（一）研究内容跨度较大，相关领域研究有待进一步丰富

由于数据可得性以及能力的限制，本书主要分析了四个方面内容：①城镇居民社保选择的消费效应评价；②城镇居民医保选择的医疗支出效应评价；③社会保障制度改革的处理效应评价；④政府社保支出的居民消费效应评价。总体来讲，这四个方面内容思维比较开阔，但跨度较大。比如本书宏观效应研究包括社保制度和政府社保支出的处理效应，而微观效应研究包括社保和医保的处理效应。而且鉴于宏微观数据的统计口径差异，本书宏微观效应不具可比性。因此相关领域研究有待进一步丰富，比如根据现有数据，可以继续开展：①社会保障收入分配效应的研究；②社会保障居民储蓄效应的研究；③社会保障人力资本效应的研究；等等。因此，为了使本书的逻辑性更加严谨，以上内容将是笔者接下来的主要研究方向。

（二）理论研究有待进一步深入

理论研究可以为实证研究提供理论依据，缺乏理论研究可能导致实证研究盲目而偏离方向；实证研究则为理论研究提供实证支撑，缺乏实证研究可能导致理论研究缺乏生机和活力。理论研究和实证研究两者相辅相成、相互促进。本书着重实证研究，对理论支撑分析不够深入。理论研究有待进一步深入的领域主要包括：①社会保障问题牵涉的经济、管理、社会等多学科相关理论；②居民消费问题牵涉的经济、社会、文化、地域、

心理等领域的相关理论；③研究过程中使用的研究工具所涉及的计量、经济、统计、数学等专业的相关理论。

（三） 已有实证研究有待随着数据的翔实进一步跟进

本书使用的微观数据主要是 2009 年国家统计局 CUHIES 调查数据和 2007 年 CHIPS 调查数据。首先，非面板数据不利于研究结论比较；其次，时间跨度较短不利于分析政策的时间效应。Browning 和 Lusardi（1996）建议，考虑到宏观经济的波动和家庭层面的非观测因素的影响，最好使用 15 年以上的微观面板数据分析居民的储蓄行为。而居民消费作为其储蓄的另一面，该建议同样适用。但是国内微观数据库的建设相对滞后，尤其是家庭层面上持续时间较长的面板数据。一些较有影响力的微观数据库多为横截面数据或者平行截面数据，如 CHIPS。CHNS 数据库虽然持续时间较长，但是由于缺乏关键变量的调查而无法开展关于社会保障居民消费效应的研究。我们相信随着相关工作的不断推进，缺乏数据开展研究的障碍将在不久的将来得到克服，而本书已经开展的研究也将会随着数据的进一步翔实而继续跟进。

参考文献

［1］ Abadie A, Diamond A, Hainmueller J. Synthetic Control Methods for Comparative Case Studies: Estimating the Effect of California's Tobacco Control Program. Journal of the American Statistical Association, 2010, 105 (490): 493 – 505.

［2］ Abadie A, Diamond A, Hainmueller J. Comparative Politics and the Synthetic Control Method. American Journal of Political Science, 2015, 59 (2): 495 – 510.

［3］ Abadie A, Gardeazabal J. The Economic Costs of Conflict: A Case Study of the Basque Country. The American Economic Review, 2003, 93 (1): 113 – 132.

［4］ Adhikari B, Alm J. Evaluating the Economic Effects of Flat Tax Reforms Using Synthetic Control Methods. Southern Economic Journal, 2016, 83 (2): 437 – 463.

［5］ Anderson T W, Hsiao C. Estimation of Dynamic Models with Error Components. Journal of the American Statistical Association, 1981, 76 (375): 598 – 606.

［6］ Ando A, Modigliani F. The "Life Cycle" Hypothesis of Saving: Aggregate Implications and Tests. The American Economic Review, 1963, 53 (1): 55 – 84.

［7］ Arellano M, Bond S. Some Tests of Specification for Panel Data:

Monte Carlo Evidence and an Application to Employment Equations. The Review of Economic Studies, 1991, 58 (2): 277 – 297.

[8] Badinger H. Growth Effects of Economic Integration: Evidence from the EU Member States. Review of World Economics, 2005, 141 (1): 50 – 78.

[9] Barro R J. Unanticipated Money, Output, and the Price Level in the United States. Journal of Political Economy, 1978, 86 (4): 549 – 580.

[10] Barro R J. Are Government Bonds Net Wealth?. Journal of Political Economy, 1974, 82 (6): 1095 – 1117.

[11] Barro R J. The Ricardian Approach to Budget Deficits. Journal of Economic Perspectives, 1989, 3 (2): 37 – 54.

[12] Becker G S, Murphy K M, Tamura R. Human Capital, Fertility, and Economic Growth. Journal of Political Economy, 1990, 98 (5): S12 – S37.

[13] Becker G S, Barro R J. A Reformulation of the Economic Theory of Fertility. The Quarterly Journal of Economics, 1988, 103 (1): 1 – 25.

[14] Bellettini G, Ceroni C B. Is Social Security Really Bad for Growth?. Review of Economic Dynamics, 1999, 2 (4): 796 – 819.

[15] Blake D. The Impact of Wealth on Consumption and Retirement Behavior in the UK. Applied Financial Economics, 2004, 14 (8): 555 – 576.

[16] Blondal S, Scarpetta S. Falling Participation Rates among Older Workers in The OECD Countries: The Role of Social Security Systems. OECD Economic Department Working Paper, 1998.

[17] Bond S R. Dynamic Panel Data Models: A Guide to Micro Data Methods and Practice. Portuguese Economic Journal, 2002, 1 (2): 141 – 162.

[18] Browning M, Lusardi A. Household Saving: Micro Theories and Micro Facts. Journal of Economic Literature, 1996, 34 (4): 1797 – 1855.

[19] Cagan P. The Effect of Pension Plans on Aggregate Saving: Evidence

from a Sample Survey. The Journal of Finance, 1965, 21 (3): 576 – 579.

[20] Caliendo M, Kopeinig S. Some Practical Guidance for the Implementation of Propensity Score Matching. Journal of Economic Surveys, 2008, 22 (1): 31 – 72.

[21] Campos N F, Coricelli F, Moretti L. Economic Growth and European Integration: A Counterfactual Analysis. Retrieved from http: //www. touteconomie. org/afse/index. php/congres/2013/paper/view/277, 2013.

[22] Chai J, Xing L, Zhou Y, Li S, Lai K K, Wang S. Impact of Healthcare Insurance on Medical Expense in China: New Evidence from Meta – analysis. Soft Computing, 2018, 22: 5201 – 5213.

[23] Ching H S, Hsiao C, Wan S K, Wang T. Economic Benefits of Globalization: The Impact of Entry to the WTO on China's Growth. Pacific Economic Review, 2011, 16 (3): 285 – 301.

[24] Chou S, Liu J, Hammitt J K. National Health Insurance and Precautionary Saving: Evidence from Taiwan. Journal of Public Economics, 2003, 87 (9): 1873 – 1894.

[25] Chu T, Liu T, Chen C, Tsai Y, Chiu W. Household Out – of – Pocket Medical Expenditures and National Health Insurance in Taiwan: Income and Regional Inequality. BMC Health Services Research, 2005, 5, Article Number: 60.

[26] Davis E P. Pension Funds: Retirement – Income Security and Capital Markets: An International Perspective. Oxford University Press, 1998.

[27] Ehrlich I, Kim J. Has Social Security Influenced Family Formation and Fertility in OECD Countries? An Economic and Econometric Analysis. Pharmaceuticals Policy and Law, 2007, 9 (1 – 2): 99 – 120.

[28] Engen E M, Gruber J. Unemployment Insurance and Precautionary Saving. Journal of Monetary Economics, 2001, 47 (3): 545 – 579.

[29] Feldstein M. Social Security, Induced Retirement, and Aggregate

Capital Accumulation. Journal of Political Economy, 1974, 82 (5): 905 – 926.

[30] Feldstein M. A New Era of Social Security. The Public Interest, 1998, 130: 102 – 125.

[31] Fischer J A V, Sousa – Poza A. The Effect of Pension Generosity on Early Retirement: A Microdata Analysis for Europe from 1967 to 2004. MPRA Paper, 2009.

[32] Fishback P V, Kantor S E. The Adoption of Workers' Compensation in the United States 1900 – 1930. The Journal of Law & Economics, 1998, 41 (2): 305 – 342.

[33] Frenkel M, Trauth T. Growth Effects of Integration among Unequal Countries. Global Finance Journal, 1997, 8 (1): 113 – 128.

[34] Gardeazabal J, Vega – Bayo A. An Empirical Comparison Between the Synthetic Control Method and HSIAO et al.'s Panel Data Approach to Program Evaluation. Journal of Applied Econometrics, 2017, 32 (5): 983 – 1002.

[35] Greene W H. Econometric Analysis, 7th ed. Upper Saddle River, NJ: Prentice Hall, 2012.

[36] Gruber J. The Consumption Smoothing Benefits of Unemployment Insurance. The American Economic Review, 1997, 87 (1): 192 – 205.

[37] Gruber J, Yelowitz A. Public Health Insurance and Private Savings. Journal of Political Economy, 1999, 107 (6): 1249 – 1274.

[38] Gruber J, Wise D A. Social Security and Retirement around the World. University of Chicago Press, 1999.

[39] Hall R E. Stochastic Implications of the Life Cycle – Permanent Income Hypothesis: Theory and Evidence. Journal of Political Economy, 1978, 86 (6): 971 – 987.

[40] Hayashi T. Is It Abenomics Or Post – Disaster Recovery? A Counterfactual Analysis. International Advances in Economic Research, 2014, 20: 23 – 31.

［41］ Heckman J J, Ichimura H, Todd P E. Matching as an Econometric Evaluation Estimator. The Review of Economic Studies, 1998, 65 （2）: 261 – 294.

［42］ Heckman J J, Ichimura H, Todd P E. Matching as an Econometric Evaluation Estimator: Evidence from Evaluating a Job Training Program. The Review of Economic Studies, 1997, 64 （4）: 605 – 654.

［43］ Herbertsson T T, Orszag J M. The Costs of Early Retirement in the OECD. Institute of Economic Studies Working Paper No. W01: 02, 2001.

［44］ Horioka C Y, Wan J. The Determinants of Household Saving in China: A Dynamic Panel Analysis of Provincial Data. Journal of Money, Credit and Banking, 2007, 39 （8）: 2077 – 2096.

［45］ Hsiao C, Ching H S, Wan S K. A Panel Data Approach for Program Evaluation: Measuring the Benefits of Political and Economic Integration of Hong Kong with Mainland China. Journal of Applied Econometrics, 2012, 27 （5）: 705 – 740.

［46］ Hubbard R G, Skinner J, Zeldes S P. Precautionary Saving and Social Insurance. Journal of Political Economy, 1995, 103 （2）: 360 – 399.

［47］ Jung J, Streeter L J. Does Health Insurance Decrease Health Expenditure Risk in Developing Countries? The Case of China. Southern Economic Journal, 2015, 82 （2）: 361 – 384.

［48］ Kaganovich M, Zilcha I. Education, Social Security, and Growth. Journal of Public Economics, 1999, 71 （2）: 289 – 309.

［49］ Ke X, Chen H, Hong Y, Hsiao C. Do China's High – speed – rail Projects Promote Local Economy? —New Evidence from a Panel Data Approach. China Economic Review, 2017, 44: 203 – 226.

［50］ Kline P, Moretti E. Local Economic Development, Agglomeration Economies, and the Big Push: 100 Years of Evidence from the Tennessee Valley Authority. The Quarterly Journal of Economics, 2014, 129 （1）: 275 – 331.

［51］ Kotlikoff L J. Social Security and Equilibrium Capital Intensity. The Quarterly Journal of Economics, 1979, 93（2）: 233 – 253.

［52］ Ku Y, Chou Y, Lee M, Pu C. Effects of National Health Insurance on Household Out – of – Pocket Expenditure Structure. Social Science & Medicine, 2019, 222: 1 – 10.

［53］ Kuan C, Chen C. Effects of National Health Insurance on Precautionary Saving: New Evidence from Taiwan. Empirical Economics, 2013, 44（2）: 921 – 943.

［54］ Laitner J. Bequests, Gifts, and Social Security. The Review of Economic Studies, 1988, 55（2）: 275 – 299.

［55］ Lei X, Lin W. The New Cooperative Medical Scheme in Rural China: Does More Coverage Mean More Service and Better Health? Health Economics, 2009, 18（S2）: S25 – S46.

［56］ Leland H E. Saving and Uncertainty: The Precautionary Demand for Saving. The Quarterly Journal of Economics, 1968, 82（3）: 465 – 473.

［57］ Li X, Qiao Y, Shi L. Has China's War on Pollution Slowed the Growth of Its Manufacturing and by How Much? Evidence from the Clean Air Action. China Economic Review, 2019, 53: 271 – 289.

［58］ Maddala G S. Limited – Dependent and Qualitative Variables in Econometrics. Cambridge University Press, 1986.

［59］ Manning W G, Newhouse J P, Duan N, Keeler E B, Leibowitz A. Health Insurance and the Demand for Medical Care: Evidence from a Randomized Experiment. The American Economic Review, 1987, 77（3）: 251 – 277.

［60］ Ouyang M, Peng Y. The Treatment – effect Estimation: A Case Study of the 2008 Economic Stimulus Package of China. Journal of Econometrics, 2015, 188（2）: 545 – 557.

［61］ Pesaran M H, Smith R P. Counterfactual Analysis in Macroeconometrics: An Empirical Investigation into the Effects of Quantitative Easing. Research in Economics, 2016, 70 (2): 262 –280.

［62］ Possebom V. Free Trade Zone of Manaus: An Impact Evaluation Using the Synthetic Control Method. Revista Brasileira de Economia, 2017, 71 (2): 217 –231.

［63］ Romer C D, Romer D H. Transfer Payments and the Macroeconomy: The Effects of Social Security Benefit Increases, 1952 – 1991. American Economic Journal: Macroeconomics, 2016, 8 (4): 1 –42.

［64］ Rosenbaum P R, Rubin D B. The Central Role of the Propensity Score in Observational Studies for Causal Effects. Biometrika, 1983, 70 (1): 41 –55.

［65］ Sheu J, Lu J R. The Spillover Effect of National Health Insurance on Household Consumption Patterns: Evidence from a Natural Experiment in Taiwan. Social Science & Medicine, 2014, 111: 41 –49.

［66］ Stephens M. The Impact of the 1972 Social Security Benefit Increase on Household Consumption. Michigan Retirement Research Center Research Paper No. WP2005 –095, 2005.

［67］ Wagstaff A, Lindelow M, Gao J, Xu L, Qian J. Extending Health Insurance to the Rural Population: An Impact Evaluation of China's New Cooperative Medical Scheme. Journal of Health Economics, 2009, 28 (1): 1 –19.

［68］ Wagstaff A, Lindelow M. Can Insurance Increase Financial Risk? The Curious Case of Health Insurance in China. Journal of Health Economics, 2008, 27 (4): 990 –1005.

［69］ Wagstaff A, Pradhan M. Health Insurance Impacts on Health and Nonmedical Consumption in a Developing Country. World Bank Policy Research Working Paper 3563, 2005.

［70］ Wan S, Xie Y, Hsiao C. Panel Data Approach vs Synthetic Control Method. Economics Letters, 2018, 164: 121 –123.

［71］ Waters H R, Anderson G F, Mays J. Measuring Financial Protection in Health in the United States. Health policy, 2004, 69 （3）: 339 – 349.

［72］ Wirtz V J, Santa – Ana – Tellez Y, Servan – Mori E, Avila – Burgos L. Heterogeneous Effects of Health Insurance on Out – of – Pocket Expenditure on Medicines in Mexico. Value in Health, 2012, 15 （5）: 593 – 603.

［73］ Yao Y, Zhou J. Social Security Coverage and Aggregate Household Consumption in China: Evidence from a Nationally Representative Survey. PKU Working Paper, 2011.

［74］ Zhang A, Nikoloski Z, Mossialos E. Does Health Insurance Reduce Out – of – Pocket Expenditure? Heterogeneity among China's Middle – aged and Elderly. Social Science & Medicine, 2017, 190: 11 – 19.

［75］ Zhang J. Social Security and Endogenous Growth. Journal of Public Economics, 1995, 58 （2）: 185 – 213.

［76］ Zhao W. Does Health Insurance Promote People's Consumption? New Evidence from China. China Economic Review, 2019, 53: 65 – 86.

［77］ 白重恩、李宏彬、吴斌珍：《医疗保险与消费：来自新型农村合作医疗的证据》，《经济研究》2012 年第 2 期，第 41 – 53 页。

［78］ 白重恩、吴斌珍、金烨：《中国养老保险缴费对消费和储蓄的影响》，《中国社会科学》2012 年第 8 期，第 48 – 71 页。

［79］ 别朝霞：《社会保障与经济增长：一个文献述评》，《上海经济研究》2004 年第 5 期，第 3 – 13 页。

［80］ 蔡伟贤、朱峰：《"新农合"对农村居民耐用品消费的影响》，《数量经济技术经济研究》2015 年第 5 期，第 72 – 87 页。

［81］ 陈强：《高级计量经济学及 Sata 应用》，高等教育出版社 2010 年版。

［82］ 陈祎、阎开：《医疗保险与耐用品消费——一个基于微观面板数据的实证分析》，金融危机：监管与发展——北大赛瑟（CCISSR）论坛文集，2009 年。

［83］陈玉萍、吴海涛、陶大云等：《基于倾向得分匹配法分析农业技术采用对农户收入的影响——以滇西南农户改良陆稻技术采用为例》，《中国农业科学》2010 年第 17 期，第 3667－3676 页。

［84］陈云松、范晓光：《社会学定量分析中的内生性问题　测估社会互动的因果效应研究综述》，《社会》2010 年第 4 期，第 91－117 页。

［85］程令国、张晔：《"新农合"：经济绩效还是健康绩效？》，《经济研究》2012 年第 1 期，第 120－133 页。

［86］范黎波、杨金海、黄铄婷：《社会保障提升能有效促进居民消费吗？——基于分位数回归与反事实分解方法的研究》，《华东经济管理》2017 年第 3 期，第 49－59 页。

［87］方匡南、章紫艺：《社会保障对城乡家庭消费的影响研究》，《统计研究》2013 年第 3 期，第 51－58 页。

［88］封福育：《社会保障对城镇居民消费的影响研究——来自 CGSS2010 的经验分析》，《云南财经大学学报》2016 年第 5 期，第 62－71 页。

［89］甘犁、刘国恩、马双：《基本医疗保险对促进家庭消费的影响》，《经济研究》2010 年第 S1 期，第 30－38 页。

［90］高梦滔：《新型农村合作医疗与农户储蓄：基于 8 省微观面板数据的经验研究》，《世界经济》2010 年第 4 期，第 121－133 页。

［91］何丽丽，王飞：《通货膨胀对城镇居民消费支出影响的实证分析》，《商业经济研究》2018 年第 9 期，第 41－44 页。

［92］何立新、封进、佐藤宏：《养老保险改革对家庭储蓄率的影响：中国的经验证据》，《经济研究》2008 年第 10 期，第 117－130 页。

［93］洪轶男：《中国社会保障制度对城镇居民储蓄影响研究》，辽宁大学博士学位论文，2009 年。

［94］胡宏伟、刘雅岚、张亚蓉：《医疗保险、贫困与家庭医疗消费——基于面板固定效应 Tobit 模型的估计》，《山西财经大学学报》2012 年第 4 期，第 1－9 页。

［95］黄枫、甘犁：《过度需求还是有效需求？——城镇老人健康与医疗保险的实证分析》，《经济研究》2010 年第 6 期，第 105 – 119 页。

［96］纪江明：《转型期我国社会保障与居民消费的地区差异研究》，复旦大学博士学位论文，2011 年。

［97］姜天骄：《从人口红利到制度红利——访中国社会科学院人口与劳动经济研究所所长蔡昉》，《经济日报》2013 年 9 月 26 日第 6 版。

［98］李胜会、熊璨：《社会保障财政支出：城乡效率差异及原因》，《公共管理学报》2016 年第 3 期，第 135 – 160 页。

［99］李文星、徐长生、艾春荣：《中国人口年龄结构和居民消费：1989—2004》，《经济研究》2008 年第 7 期，第 118 – 129 页。

［100］李晓嘉：《社会保障支出对城镇居民消费支出的影响》，《城市问题》2013 年第 10 期，第 97 – 102 页。

［101］李毅、周金城：《交互效应动态面板模型的非线性工具变量估计》，《统计与决策》2016 年第 6 期，第 4 – 8 页。

［102］林政：《新型农村合作医疗制度对经济增长的贡献效应探析——以广东"新农合"的推行为例》，《当代经济研究》2011 年第 12 期，第 73 – 78 页。

［103］林治芬：《社会保障统计国际比较与借鉴》，《统计研究》2011 年第 10 期，第 16 – 21 页。

［104］林治芬：《中国社会保障的地区差异及其转移支付》，《财经研究》2002 年第 5 期，第 37 – 43 页。

［105］林忠晶、龚六堂：《退休年龄、教育年限与社会保障》，《经济学（季刊）》2007 年第 1 期，第 211 – 230 页。

［106］刘秉镰、吕程：《自贸区对地区经济影响的差异性分析——基于合成控制法的比较研究》，《国际贸易问题》2018 年第 3 期，第 51 – 66 页。

［107］刘丹、卢洪友：《中国农村社会保障的居民消费效应研究》，《江西财经大学学报》2017 年第 5 期，第 68 – 78 页。

［108］刘凤芹、马慧：《倾向得分匹配方法的敏感性分析》，《统计与信息论坛》2009 年第 10 期，第 7 – 13 页。

［109］刘国恩、蔡春光、李林：《中国老人医疗保障与医疗服务需求的实证分析》，《经济研究》2011 年第 3 期，第 95 – 107 + 118 页。

［110］刘新：《中国社会保障支出的宏观经济效应研究》，重庆大学博士学位论文，2010 年。

［111］娄峰、李雪松：《中国城镇居民消费需求的动态实证分析》，《中国社会科学》2009 年第 3 期，第 109 – 115 + 206 页。

［112］栾大鹏、欧阳日辉：《新型农村合作医疗对我国农民消费影响研究》，《人口与经济》2012 年第 2 期，第 80 – 86 页。

［113］宋月萍、宋正亮：《医疗保险对流动人口消费的促进作用及其机制》，《人口与经济》2018 年第 3 期，第 115 – 126 页。

［114］孙爱军、刘生龙：《人口结构变迁的经济增长效应分析》，《人口与经济》2014 年第 1 期，第 37 – 46 页。

［115］王大海：《不同基本医疗保险对居民医疗消费影响的比较研究》，山东大学硕士学位论文，2013 年。

［116］王冬妮：《不对称信息下的健康保险效应研究》，对外经济贸易大学博士论文，2017 年。

［117］王欢、黄健元：《中国人口年龄结构与城乡居民消费关系的实证分析》，《人口与经济》2015 年第 2 期，第 11 – 20 页。

［118］王美今、林建浩：《计量经济学应用研究的可信性革命》，《经济研究》2012 年第 2 期，第 120 – 132 页。

［119］王晓霞、孙华臣：《社会保障支出对消费需求影响的实证研究》，《东岳论丛》2008 年第 6 期，第 47 – 50 页。

［120］王云昌、张茂松：《社会保险理论与实务》，黄河水利出版社 2001 年版。

［121］汪伟：《人口老龄化、生育政策调整与中国经济增长》，《经济学》（季刊）2016 年第 1 期，第 67 – 96 页。

［122］卫梦星：《"四万亿"投资的增长效应分析——"反事实"方法的一个应用》，《当代财经》2012年第11期，第16-25页。

［123］卫梦星：《"反事实"思想在宏观政策效应评估中的应用》，中国社会科学院研究生院博士学位论文，2013年。

［124］魏勇、杨孟禹：《收入结构、社会保障与城镇居民消费升级》，《华东经济管理》2017年第3期，第90-99页。

［125］熊波、李佳桐：《新型农村合作医疗保险与农村居民消费》，《财经科学》2017年第7期，第64-76页。

［126］徐倩：《中国财政社会保障支出的收入分配效应研究》，南京农业大学博士学位论文，2017年。

［127］徐雪、宋海涵：《中国人口年龄结构变化对城乡居民消费水平的影响》，《首都经济贸易大学学报》2019年第1期，第15-23页。

［128］阎文莉、张燕媛、谭涛：《医疗保险对农村居民家庭消费的影响分析——基于不同收入层级的跨地区比较》，《西北人口》2016年第2期，第22-28页。

［129］杨翠迎、何文炯：《社会保障水平与经济发展的适应性关系研究》，《公共管理学报》2004年第1期，第79-85+96页。

［130］杨磊、赵琳华：《社会保障对我国城镇居民消费影响的区域差异分析》，《哈尔滨商业大学学报》（社会科学版）2013年第4期，第44-49页。

［131］尹典：《我国人力资本存量及其对经济增长的影响实证研究》，吉林大学博士学位论文，2017年。

［132］于新亮、刘慧敏、杨文生：《长期护理保险对医疗费用的影响——基于青岛模式的合成控制研究》，《保险研究》2019年第2期，第114-127页。

［133］余永定、李军：《中国居民消费函数的理论与验证》，《中国社会科学》2000年第1期，第123-133+207页。

［134］袁铎珍：《中国多支柱养老金结构优化研究》，首都经济贸易大

学博士学位论文，2018 年。

[135] 臧文斌、刘国恩、徐菲、熊先军：《中国城镇居民基本医疗保险对家庭消费的影响》，《经济研究》2012 年第 7 期，第 75 - 85 页。

[136] 臧旭恒、张倩：《代际扶持视角下的医疗保险与居民消费——基于世代交叠模型的分析》，《山东大学学报》（哲学社会科学版）2019 年第 1 期，第 15 - 24 页。

[137] 张彬、朱润东：《经济一体化对不同质国家的经济增长效应分析——对美国与墨西哥的比较研究》，《世界经济研究》2009 年第 4 期，第 69 - 74 + 89 页。

[138] 张继海：《社会保障对中国城镇居民消费和储蓄行为影响研究》，山东大学博士学位论文，2006 年。

[139] 张盈华：《社会保障促进经济增长的机理研究》，西北大学博士学位论文，2008 年。

[140] 张盈华、杜跃平：《社会保障与经济增长的最新研究综述》，《西安电子科技大学学报》（社会科学版）2009 年第 2 期，第 1 - 10 页。

[141] 张治觉、吴定玉：《我国财政社会保障对居民消费产生引致还是挤出效应》，《消费经济》2010 年第 3 期，第 67 - 69 + 88 页。

[142] 赵建国、李佳：《中国社会保障支出与消费水平关系研究——基于非线性 STR 模型的实证分析》，《数学的实践与认识》2012 年第 22 期，第 54 - 63 页。

[143] 赵进文、邢天才、熊磊：《我国保险消费的经济增长效应》，《经济研究》2010 年第 S1 期，第 39 - 50 页。

[144] 赵璐：《财政性社会保障支出对居民消费支出水平影响的实证研究》，山东财经大学硕士学位论文，2012 年。

[145] 郑善乐：《社会保障支出对居民消费影响的实证研究——以广东省为例》，暨南大学硕士学位论文，2013 年。

[146] 中国人民银行研究局课题组：《中国国民储蓄和居民储蓄的影响因素》，《经济研究》1999 年第 5 期，第 3 - 10 页。

［147］周晓艳、汪德华、李钧鹏：《新型农村合作医疗对中国农村居民储蓄行为影响的实证分析》，《经济科学》2011 年第 2 期，第 63 - 76 页。

［148］邹红、喻开志、李奥蕾：《养老保险和医疗保险对城镇家庭消费的影响研究》，《统计研究》2013 年第 11 期，第 60 - 67 页。

后　记

　　我国的社会保障制度建立于20世纪50年代，经过70年的风雨历程和一系列改革后，社会保障制度实现了从无到有的突破，成为保障人民群众基本生活、共享发展成果的途径。进入新时代，高质量发展成为时代主题，社会保障制度需要从数量扩张向质量发展转变，实现从有到优的转变。党的十九大报告中明确指出："加强社会保障体系建设。按照兜底线、织密网、建机制的要求，全面建成覆盖全民、城乡统筹、权责清晰、保障适度、可持续的多层次社会保障体系。"因此，我国社会保障体系正处于从高速发展到高质量发展的转型期。在政策转型时期，科学、量化的政策评估尤为重要，因为政策评估是验证政策执行效果的必要手段，是政策继续执行、调整或终止的依据。

　　作为一项重大的社会公共政策，社会保障对社会生活的各个层面都产生了广泛而深远的影响。它通过改变投保人的预算约束和福利状况影响个人储蓄、消费和投资等微观经济决策，影响经济运行中的物质资本积累和人力资本形成，不可避免地对宏观经济产生影响。对社会保障全面、客观的评价包括微观效应和宏观效应两方面，本书利用宏观和微观数据采用不同方法，从个人、家庭和地区三个层面分析居民社保选择、政府社保支出与改革的经济效应。

　　本书写作中使用的微观数据包括中国家庭收入调查（CHIPS）数据与国家统计局中国城镇居民家庭收入和支出调查（CUHIES）数据。其中，CHIPS通过直接向北京师范大学中国收入分配研究院申请即可获得，而

CUHIES 来自中国社会科学院李雪松研究员。感谢北京师范大学中国收入分配研究院和中国社会科学院李雪松研究员。

本书从选题、逻辑结构、方法应用到定稿的各个环节都得到了中国社会科学院李雪松研究员的指导，李雪松研究员的人品、学术造诣和治学风格对我影响如此之大，怎样言说都表达不尽。再次感谢李雪松研究员。

本书写作历时一年，一路走来，有坎坷，有艰辛，有欢笑，有泪水。感谢我所有的同事、朋友和亲人，我一定不辜负大家对我的期待和厚爱，在未来的每一天努力进步，为我国的高等教育事业尽自己的一份力量。

张荣霞

2019 年 5 月 20 日